KINZAI バリュー叢書

社内調査入門

“守りの法令遵守”から“戦略的不祥事抑止”へ

弁護士法人中村国際刑事法律事務所
弁護士　中村　勉［著］

一般社団法人金融財政事情研究会

推薦の言葉

消費者保護行政の強化等を背景に、企業不祥事を未然に防ぐための内部統制システムが整備されつつある。多くの会社では、コンプライアンス確立のための積極的な対応策が講じられていることは確かであるが、現実に企業不祥事が発生した場合、いかなる体制のもと、どのような手順で、どのような点に注意して社内調査を進めれば良いかに関し、具体的なイメージをもっていない企業が少なくない。

本書は、元東京地検特捜部検事として多くの企業不祥事の捜査に携わり、弁護士登録後も社内調査委員会委員を務めるなど、企業不祥事の調査実務に精通している筆者が、実践的な調査ノウハウを具体的に示しながら、社内調査の流れに沿って、個々の調査活動のポイントを解説した注目の入門書である。

また、実際に不祥事が発生する前の段階における戦略的な不祥事抑止論にも大きく紙面を割かれており、監視活動にあって、従業員のプライバシーや自由との兼ね合いでいかなる点に注意すべきかが著者なりの斬新な視点で明らかにされている。そのほか、企業が置かれている、第一類型、第二類型といったリスクレベルに応じた社内調査のあり方に関してリスクマネジメント・アプローチが採られ、不祥事の性質に応じた社内調査のあり方に関しては、「調査モデル論」を採用している点は、類書に見られない本書の特色となっている。

このように、本書は、内部通報処理や不祥事が発生した際に直接社内調査業務に携わる企業関係者や弁護士はもとより、経営者、役員にも有用なリスク・マネジメントの視点が盛り込まれており、企業及び関係者にとって必携マニュアル書である。

平成25年２月吉日

慶應義塾大学大学院法務研究科（法科大学院）教授・弁護士
安冨　潔

【推薦者略歴】

安冨　潔（やすとみ　きよし）

1950（昭和25）年生まれ
第二東京弁護士会所属
慶應義塾大学法学部法律学科卒業
同大学院法学研究科修士課程公法学専攻修了
同大学院法学研究科博士課程公法学専攻単位取得退学

現在、同大学院法務研究科（法科大学院）教授
博士（法学）（慶應義塾大学）
1993年　弁護士登録
2006年　公認不正検査士（CFE）資格認定・登録

刑事弁護のほか、IT関連法・不正調査やインシデント・リスク対応を得意とし、デジタルフォレンジックや情報セキュリティと法に関連する分野を担当している。その他、情報セキュリティや情報公開・個人情報保護等に関する政府や自治体の各種委員会や研究会の委員等を多数務めている。

■はじめに

東京地検特捜部勤務を最後に検察官を退官して既に13年になろうとしている。退官後は大手の渉外法律事務所に入所し、一弁護士として、企業法務の法律相談を受けるようになった。また、特捜検事出身ということもあって、時には古巣の東京地検特捜部が手がける経済事犯に関して、企業サイドから相談を受けることも度々あった。実際に、社内調査委員会の委員となって社内調査に従事し、不祥事原因の究明と再発防止策について提言する機会もあって、企業不祥事という、一種の社会病理現象にますます興味を抱くようになった。それと同時に、身に染みついていた捜査経験が、意外にも社内調査や危機管理の分野でも大いに活用・発揮できることを知って、そのことがこの分野における第一人者を目指すという、やや欲張りな動機づけにもなっている。

本書でテーマとする企業不祥事は、会社が起こすものである。しかし、会社は、結局、人間が動かすものであるから、通常の刑事事件と犯罪構造において異なるところはない。主犯がいて、共犯者がいて、一体となって、ある動機から法益の侵害行為を特定の日時場所において実行するのである。通常の刑事事件と異なる点は、犯行場所は会社内であることが多く、そのために「警察にばれるはずがない」という慢心が常にあることである。また、役員や上司の命令であれば違法行為を促す命令であっても従うのは「やむを得ない」という全社的なモラル・

ハザードがそうした慢心に拍車をかけている。通常事件に比べれば、企業不祥事にあっては、「犯罪を行ってはならない」という反対動機形成のハードルが驚くほど低く、あまりにも安易にそのハードルを乗り越えて企業犯罪に手を染めてしまうのである。まさに、ホワイトカラー・エリートの陥る罠である。

本書では、このような理解を前提として、不祥事の予防と抑止に重点を置いたコンプライアンスの再構築を試みているほか、捜査経験に基づいた実践的な社内調査の進め方と成果の出し方に関するノウハウを出し惜しみせずに全て開示して詳細な解説を試みた。

即ち、第１章では、本書の背骨となる時代背景や社会構造に対する筆者の理解とコンプライアンスのあり方を説き、第２章では、本書の特色である予防と早期発見に力点を置いたコンプライアンスの再構築について解説し、第３章では、社内調査の基本概念や端緒と事件性の判断について述べ、第４章では、調査モデルの選択を含む社内調査の準備について詳説している。そして、いよいよ、第５章及び第６章において具体的な社内調査について、筆者の捜査経験から得たノウハウを一挙公開し、第７章では、捜査機関等への対応というデリケートな問題について、元捜査検事の経験も踏まえて解説を試みた。さらに、子会社不祥事という特殊な問題を第８章において扱い、第９章及び第10章では、社内調査終了後の社内処分と公表という重要問題について実務的な解説を加えた。

筆者が代表を務める弁護士法人中村国際刑事法律事務所で

は、これまで９回にわたって、「企業危機管理セミナー」と銘打ったセミナーを開催し、危機管理、社内調査の問題を取り上げてきた。毎回、70社から100社近い企業の参加をいただいて実施されたこのセミナーにおいて、多くの参加者の方々から、危機管理や社内調査に関する書籍をぜひ執筆出版して欲しいというご要望を頂戴した。本書が、日頃、コンプライアンスや危機管理、そして社内調査に従事する多くのビジネスマンの実務の一助となれば幸いである。

本書を刊行することができたのは多くの方々の力添えがあったからこそである。とりわけ、以下の方々にはこの場を借りて深く謝意を表したい。

筆者の中央大学法学部時代に、刑事訴訟法や企業犯罪論のみならず、英米法近世史、宗教史、比較文化論、構造主義など、幅広い学問分野でご指導を賜った恩師渥美東洋先生。本書におけるプライバシー権の概念は渥美先生のご教示に負うところが大である。

筆者の検察官時代に公私にわたりお世話になり、捜査公判の基礎を叩き込んでくださった佐竹靖幸元福岡高検次席検事（現公証人）。

フルブライト留学生としてコロンビア大学ロースクール留学中、米国会社法や比較会社法についてご教示を賜ったカール・Ｊ・ミルハウプト教授、同ロースクールにて米国刑事法や国際刑事法のみならず、カンティアン（カント派）の立場から功利主義（ベンサム派）との法思想の違いについて深くご教示を賜ったジョージ・P・フレッチャー教授。

アメリカ留学中、そして帰国後も筆者を応援してくださり、支えてくださった弁護士桝田淳二先生。

本書の出版を快諾してくださった金融財政事情研究会出版部の高野雄樹氏。

3年間にわたり、根気強く本書の出版を後押ししてくださった井上一樹氏。

最後に、筆者の学生時代、検察官時代、そして弁護士時代に至るまで、苦楽をともにし、陰で支えてくれた妻千早に感謝し、両親にもあらためて感謝の意を表して、この書を捧げたい。

平成25年1月

東京本郷　鳳明館にて

中村　勉

【著者略歴】

中村　勉（なかむら　つとむ）

1994年４月	検察官任官 東京地検を振り出しに、大阪地検、名古屋地検、東京地検特捜部等に各勤務。この間、人事院在外研究制度で英国ロンドンに派遣され、司法制度の研究に従事する。
2002年３月	東京地検特捜部検事を最後に検事退官
2002年４月	弁護士登録（東京弁護士会） あさひ・狛法律事務所(現西村あさひ法律事務所)国際部門入所
2003年９月	中央大学非常勤講師
2003年11月	大手信販会社総会屋利益供与事件で社内調査委員会委員に就任
2004年７月	ジョージタウン大学ローセンター、アメリカ法基礎講座修了
2004年８月	フルブライト留学生として、コロンビア大学ロースクールLL.M.コース留学、法学修士号取得
2007年１月	あさひ・狛法律事務所退所
2007年２月	中村勉法律事務所設立
2009年９月	中村国際刑事法律事務所設立
2012年８月	弁護士法人化

東京弁護士会所属、日弁連国際交流委員会幹事

弁護士法人中村国際刑事法律事務所は、刑事事件及び企業刑事法務に特化した国内でも数少ない事務所であり、また、ホワイトカラー犯罪のブティックファームとして活動しております。

これまで９回にわたり、下記のテーマで、企業危機管理セミナーを企業向けに行ってまいりました。

第１回　リスク・マネジメントとしての社内調査の手法
第２回　不祥事捜査を契機とした社内調査の手法
第３回　子会社不祥事における社内調査の手法
第４回　社内調査におけるヒアリング手法
第５回　不祥事公表のリスク・マネジメント
第６回　私生活上の非行行為と企業コンプライアンス
第７回　不祥事調査モデルとリスク・マネジメント
第８回　反社会的勢力リスク・マネジメントと企業防衛
第９回　反社会的勢力リスク・マネジメントと企業防衛（実務編）

これらのセミナーの一部を録画したDVD（先着100名）を無料にてご用意しております。ご希望の方は、下記までお問合せください。

弁護士法人 中村国際刑事法律事務所
クライアントリレーションズ 小島
電話：03-6272-6100／Email：c-kojima@nicd.jp

目　次

第1章
社会構造の変化とコンプライアンス

第2章
不祥事の予防活動と早期発見

第3章

社内調査の端緒と事件性の判断

第4章

社内調査の準備

第5章

客観的証拠資料の収集手法

第6章

ヒアリングの種類と手法

第7章
捜査機関等への対応

第8章

子会社、海外子会社の不祥事調査

第9章

社内調査の終了と懲戒処分

第10章

不祥事公表

第1章

社会構造の変化とコンプライアンス

1 “護送船団方式” 下における コンプライアンス

(1) 会社法制の改革と企業不祥事

近時、企業不祥事を防止するための様々な会社法制の改革が試みられている。内部統制の強化、社外取締役制度の導入、内部通報制度の整備、リーニンエンシー制度の導入など、ここ数年を見ただけでも、米国流の革新的な諸制度が次々とわが国にも導入され、多くの会社で整備されてきている。それにもかかわらず、企業不祥事はなくならない。最近でも、オリンパス社の損失飛ばし事件、大王製紙の創業家出身経営者によるカジノ浪費事件、AIJ社の年金基金消失事件、野村ホールディングスのインサイダー事件など、大型不祥事をあげると枚挙にいとまがない。企業不祥事が根絶しない要因は一体何か。少なくとも要因として言えることは、新制度等が会社に導入され、ハード面でのコンプライアンス諸改革が進んでも、これを運用する会社自体が、新制度を使いこなせていないこと、さらに、時代環境の変化とともに変容しつつある不祥事リスクに会社がうまく適応できていないという点である。時代の推移変遷に対する理解不足であり、不祥事に対する戦略の欠如であり、発生した不祥事をコントロールするノウハウの未成熟が今日の企業不祥事の発生と拡大の大きな要因となっている。

会社をめぐる時代の推移変遷で言えば、監督官庁による事前規制によって業界自体が保護されていた、いわゆる“護送船団方式”時代のコンプライアンスから、規制緩和、そして事後規制社会への移行といった、コンプライアンス環境の変遷に対する正しい理解が必要であろう。それと同時に、IT革命がもたらしたカスタマー・パワーの増大が、コンプライアンスのあり方にいかに重大な影響をもたらしているかを認識する必要がある。

(2) “護送船団方式”のもとにおける不祥事の特色

企業不祥事は、社会構造の変遷とともにその態様も変わっていく。同じ健康被害をもたらす不祥事であっても、高度経済成長期の公害問題と、今日の食品偽装、産地偽装、賞味期限偽装といった不祥事とでは性質が全く異なり、前者が環境の犠牲において営利追求を図るという不祥事であるのに対し、後者は一般消費者を騙してでも利益追求を図るという不祥事である。後者の不祥事では「騙す」という要素がある分、手口が巧妙であり、不祥事発見が困難である。

また、政官業が一体となって経済成長を支えていた時代には、縦割り官僚機構による業界指導に従って商売をしていれば大きな問題はなかった。仮に不正が発覚したとしても、監督官庁に素早くお伺いを立てるために霞が関庁舎に赴いていたので、その行政指導を通じて改善指導がなされ、不正がまだ小さいうちにその芽は摘まれていた。要するに、会社は、その業界の業法を中心にコンプライアンスを図ればよく、問題があった場合には監督官庁に相談に行き、業法違反があったとしても監督官庁から行政指導を受けて、改善報告書を提出することによって正しい道に引き戻されていたような時代であった。いわゆる“護送船団方式”による業界保護政策である。そこに、自律的なコンプライアンスという概念が育つ土壌はなかった。

こうした社会構造にあっては、産業は発展するであろうが、一般消費者は常に蚊帳の外であり、仮に会社の不祥事によって被害に遭ったとしても、被害自体に気づかないか（今日の多くの食品偽装等の不祥事は最近になってはじめて発生したものではない）、被害に気づいても社会的に力が弱いためにその司法的救済は期待できなかった。会社の不祥事に関して刑事司法の出番はほとんどなく、現に、司法がかかわる企業不祥事というのは、“護送船団”体制下の監督官庁や政治家と会社とのなれ合い関係（政官業の癒着）から発生する贈収賄事件が中心をなしていたのである。そして、贈収賄事件にあっては、主役は政治家であり、官僚であって、会社は贈賄側として脇役にあったから、会社にとっては大きなスキャンダルであるにもかかわらず、倒産する会社は一つもなかったのである。

2 IT革命とコンプライアンス

(1) カスタマー・パワーの台頭

近時は様相が一変した。不祥事によって倒産・廃業に追い込まれる会社が続出し、有名ブランドであっても一夜のうちに消滅していく。何がこうした劇的な変化をもたらしたのか。二つの現象ないし変化をあげることができる。一つには、台頭した一般消費者パワーであり、もう一つは、規制緩和政策である。会社にとっては、製品や商品の購買者であり、エンドユーザーである消費者は重要な存在ではあったが、テレビ、新聞等を媒介とする広告への巨額投資によって、一般消費者を完全にコントロールすることができた。情報伝達手段がテレビや新聞といった一方通行の媒体しか存在せず、テレビCMのように、大量に滝のごとく流される一方的な広告情報によって、いかにA社の製品が品質において優れているかについて一般消費者に伝達せしめ、かつ、そう信じさせることができたのである。そこには、虚偽広告や誇大広告も紛れ込んでいたであろうし、食品偽装、産地偽装、賞味期限偽装、リコール隠しなども紛れ込んでいたであろう。しかし、企業による一方的で圧倒的な広告戦略の中で、一般消費者がそれらに気づくことはなく、気づいたとしても当該会社に対し、それ相応のペナルティを与えるだけのパワーはなかった。一般消費者は、相互に匿名で孤立した存在であり、数は多くても相互コミュニケーションが困難であったので、会社に対抗できるだけのパワーをもち得なかったのである。せいぜい、一般消費者がお客様窓口にクレームを入れるという対応をとるのが精一杯であり、会社のクレーム処理担当者が菓子折りを手に自宅訪問し、お詫びを入れて一件落着となっていた。

ところが、1990年代半ばからのインターネットの普及に伴い、高度な情報化社会へと社会構造が激変した。いわゆるIT革命である。一般消費者は、インターネットを通じて瞬時に製品比較、商品比較が可能となり、さらに、携帯電話の発達、そして、ツイッターやフェイスブックといったソーシャルネットワークの波及によって、一般消費者は、CMを信じるのではなく、むしろインターネットの口コミ情報やソーシャルネットワークの情報を信じるようになった。こうして、CMに頼っていたビジネスモデルは既に崩壊し、そればかりかテレビ、ラジオ、新聞社、雑誌社といった既存メディアが危機的状況に陥っており、テレビを見ない世代、新聞を読まない世代、書店に足を向けない世代が誕生しつつある。今や情報獲得はインターネット中心になされ、それまで匿名で孤立した存在であった一般消費者がネットを通じてつながりをもつようになり、その情報交換現象によって、社会的にパワーをもつに至った。しかも、その広がりは国境を越えてグローバルなものとなり、極端に言えば、一般消費者が世界経済を動かす主導権を握ったのである。

このようなカスタマー・パワーのもとでは、会社が自己の製品や商品を少しでも多く売ろうとして誇大広告を打ったところで、たちまちその欺瞞は、インターネットを介して一般消費者に看破されてしまい、売れないばかりか、一般消費者の口コミ等によって、「悪徳業者」「不良製品」などといったマイナスのレッテルを張られるというペナルティすら受けてしまうのである。また、「ばれないから偽装してしまおう。隠してしまおう」などといった考えで行っていた食品偽装、産地偽装、賞味期限偽装、リコール隠しや損失飛ばしについても、グローバルなカスタマー・パワーのもとでは、「いずれはすべて白日のもとにさらされてしまう」のである。こうした社会構造の変化に対する理解なくして効果的なコンプライアンス体制を築くことはできない。本書は、まさに、あらゆる不正や偽装は、「いずれ白日のもとにさらされてしまう」という思想に基づき、コンプライアンスを再構築しようとするものである。

(2) 規制政策の転換とコンプライアンス

規制政策の面においても、1997年の規制緩和政策によって企業を取り巻く環境が質的に変化した。監督官庁による行政指導を中心とした「事前規制」から、刑事司法による救済としての「事後規制」へと社会が大きく変化した。「事後規制」社会にあっては、事前規制がないので新規参入業者にとって参入障壁はなく、自由競争原理による市場の活性化が期待される。一方で、事前規制がないがゆえに弊害もあり、コンプライアンスに問題のある業者、違法行為を行う悪質業者も市場に参入してくるため、市場を公正に保つためにはそのような業者や会社を排除していく必要がある。事後規制社会は、その役目を司法に担わせたのである。ところが、司法（ここでは捜査機関を含む）は、本質的に受動的な機関であって、申立てや告発を契機にはじめて発動される性格を有するため、違法行為が未発覚なままで市場に放置されている危険性が大きい。そこで、そのような違法行為を表面化させ、捜査機関の出動を促すための、違法行為あぶり出しの“網掛け装置”が必要となる。換言すると、捜査機関等に未発覚な状態で深く潜行している不正行為について、その端緒を掴んだ者がこれを白日のもとに釣り上げ、さらす行動に出るように、その者にインセンティブを与え、誘引するような網掛け装置が必要となるのである。この網掛け装置が米国における経済司法の特色である。わが国においても、米国流の、たとえば、独占禁止法におけるリーニエンシー制度（自首による課徴金減免制度）、公益通報者保護法（公益のために通報を行った労働者に対する解雇等の不利益な取扱いを禁止する法律）などが採用され、そのほかにも一般消費者向けの食品表示110番制度なども同じ思想に基づいている。こうした不祥事の摘発手法は、既に述べたカスタマー・パワー現象との相乗効果によってより効果的なものとなっている。「事前規制」はしない、しかし、捜査機関が黙っていても、次から次へとカスタマー・パワーによって獲得された不祥事情報がそうした網掛け装置を介して捜査機関にもたらされる。しかも、この網掛け装置は、

「内輪の者しか知らないコンプライアンス違反を白日のもとにさらす」という意味では、監督官庁と業界という内輪だけでスキャンダルを非公開的に処理していく事前規制と比較しても、公正かつフェアであり、より改善効果は大きい。まさに、あらゆる不正は、「いずれはすべて白日のもとにさらされてしまう」のである。これまで、産地偽装、賞味期限偽装、リコール隠し、損失飛ばし、顧客情報漏洩等の多くの不祥事が、内部通報あるいは内部告発によって白日のもとにさらされ、そこで大きなダメージを受けた会社は、レピュテーション低下、ブランド毀損、刑事摘発、倒産と、最悪のコースを辿っていった。一般消費者を裏切った代償はあまりにも大きいのである。

(3) カスタマー・パワー社会におけるコンプライアンスのあり方

カスタマー・パワー社会にあっては、コンプライアンスを考える前提として、「あらゆる不正はいずれ白日のもとにさらされる」という思想をベースとすることが重要であることがわかった。かかる視点でコンプライアンスを再構築してみると、あらゆる不正はいずれ白日のもとにさらされるのであるから、不正が一切行われないことがリスクもなく、理想的である。少なくとも、不祥事の発生自体を最小限にとどめるためのコンプライアンスをまず考えなければならない。そこで、「不正の抑止」という、これまであまり顧みられなかったテーマが重要になる。企業不祥事の抑止のためにいかなるコンプライアンス装置が有効であるかを検討しなければならない。

仮に抑止力がうまく働かずに不幸にして不祥事が発生してしまった場合、これを早期に発見することが次に重要である。一般消費者に知られる前に早く会社が不祥事を発見し、自浄能力を発揮して社内調査に当たらなければならない。発覚が遅れれば被害は拡大し、二次被害、三次被害のおそれも出てくる。また、被害が大きく拡大した後で発覚した場合、ともすると、役員は事の重大性に平常心をなくして真逆の対応、即ち、「隠蔽」という最悪の対応をとってしまいがちである。隠蔽したところで、いずれ白日のもとにさらされるにもかかわらずである。会社幹部の心理には常に隠蔽という誘惑が働いていることは事実である。不祥事の規模が大きく、影響が甚大である場合にはなおさらである。人間の行動心理として、事が小さいうちはその不祥事を隠蔽しようなどという動機づけは生じない。必要な社内調査を実施した上、厳正に対処し、社内の就業規則等にのっとり処分してガバナンスを回復させるという正攻法をとるであろう。ところが、事が大きくなってしまうと、「これが公になったら大変なことになる」といった心理や、「自己にも責任が及ぶかもしれない」といった不安から隠蔽の動機づけが生まれる。

そのように考えると、やはり、不祥事を早期に発見して小さな芽のうちに摘み取ることの重要性は計り知れない。不祥事が発生し、それがいきなり、一般消費者から外部のマスコミや捜査機関等に告発されて社会の批判にさらされた場合、会社はその自浄能力を発揮する機会がほとんどない中で危機対応を迫られることになる。不祥事を起こしてしまった会社にとって重要なことは、会社に自浄能力発揮の機会、自立再起のチャンスが与えられることである。そのためには、会社自体がその内部に早期発見のための“網掛け装置”を設ける必要がある。

また、企業不祥事を早期に発見できた場合はもとより、早期発見に失敗してマスコミや捜査機関に先を越され、後手後手の対応に追われる場合にあっても、そうした危機レベルの違いに応じた効果的な社内調査を進めることは可能である。社内調査を戦略的に進め、調査モデルを危機レベルや不祥事の性質に応じて使い分け、あるいは、対象となっている調査事項に最も適切な調査ツールを効果的に駆使して迅速かつ的確に社内調査を遂げることの重要性は強調しても強調し過ぎるということはない。本書は、そのための戦略アプローチの手法と調査テクニックのノウハウをも提供するものである。

第2章

不祥事の予防活動と早期発見

1 不祥事抑止のための諸方策

(1) 執務環境の変化と企業不祥事の密行化

執務環境の変化とともに不祥事のリスクも態様も変化している。一昔前と違って、今や会社の業務関連文書のほとんどすべてが電子化され、IT環境も整い、電子メールを通じて業務が行われるようになった。しかも、オフィス内の執務スペースのレイアウトも変化している。机を並べ、顔と顔を突き合わせて執務していたアナログ時代にあっては、不正行為に対しては、目視、つまり、目で監視でき、それが抑止にもなった。ところが、IT時代の執務スペースにあっては、パーテーションが設けられ、従業員がブース内でパソコンに向かって仕事をするようになって、上司の目視による監督が困難となっている。このような会社文書の電子化や執務環境の変化によって、従業員が上司の目を盗んで会社内の情報を外部に持ち出すことが、アナログ時代にも増して心理的にも手段的にも容易となり、極端なことを言えば、クリック一つで会社の将来を左右するような重要な製品機密や顧客リストが外部へ流されてしまう。「不正が発生した後に社内調査するのでは遅すぎる」という危機意識が高まるのは当然である。

特に、顧客情報の漏洩や企業機密の漏洩などの「情報不祥事」にあっては、一旦、漏洩してしまうと取り返しがつかず、被害回復は不可能である。同じ不祥事でも着服横領など、事後的な被害回復が可能な他の不祥事とは会社に与えるダメージが異なる。普段の予防、普段の監視こそが重要なのである。IT時代以前には、企業の組織防衛のためには事後的な社内調査で十分であったのが、時代の趨勢により、不正が発生する前の段階での、予防的な企業内秩序維持活動が必要となっている。ここに、事件性を前提としない「監視」が企業防衛上必要とされる土壌を見ることができる。

本書が志向する戦略的コンプライアンスにあっては、情報不祥事のように、一旦、不祥事が発生してしまうと取り返しがつかない不祥事類型を念頭に、かかる不祥事をいかに抑止し、その発生を未然に防ぐかという関心をまず優先させる。不祥事抑止のための方策としては、電子メール監視、ビデオ監視、アルコール検査、薬物検査、所持品検査、信用情報の検査、ポリグラフ検査、役員研修、社員教育、内部通報窓口を社外の調査専門家とすること、不祥事公表などがある。もっとも、このような不祥事抑止のためのツールは、従業員の自由やプライバシー権と緊張関係をもつゆえに、許容性や限界の判断は慎重になされるべきである。次に、仮に不祥事が発生してしまった場合でも、これを早期に発見し、企業、そして一般消費者等が被る被害を最小化するというアプローチをとる。早期発見のための方策としては、内部通報制度や社内リーニエンシー制度、お客様窓口の設置などがある。この中で、不祥事抑止活動としての電子メール監視等にあっては、従業員のプライバシー侵害の問題が生じるであろう。また、早期発見のための装置である内部通報制度、社内リーニエンシー制度等にあっては、通報者保護や処分の公平性という問題がある。それゆえ、こうした不祥事抑止のための活動の限界がどこにあるのかを理解する必要がある。

⑵ 「社内調査」と「監視」の違い

「監視」は、事件性を前提としない。「社内調査」は、会社組織内で何らかの不正行為があったと懸念される場合、つまり、既発生の不祥事に対して実施されるという性質（事件性）をもつものである。何ら「事件性」が存在しない場合にまで、会社が「何か不正があるかもしれない」などと根拠もなく一方的に疑って、探索的に調査権を行使することは許されず、調査権の濫用として従業員のプライバシーを侵害する違法なものとなり得る。たとえば、特定の従業員の電子メールを権限なく勝手に覗き見ることは不正アクセス禁止法違反となりかねない。

この点、多くの企業で一般的に実施されている電子メールの定期的なモニタリングやビデオカメラによる日常的な監視は、必ずしも「事件性」を前提としたものではない。不祥事が発生する兆候が見られなくても実施されているのが実態である。果して、そのような会社による「監視」活動は許されるのであろうか。許される根拠と限界はどこに求められるのか。

なお、通常業務の一環ないし延長として実施される電子メール閲覧については、業務上の必要性が認められれば無条件で許される。たとえば、情報システム部において、自社のファイルサーバーの定期的な保守管理のためにログにアクセスしたり、送受信の記録にアクセスしたりすることは同システム部の通常業務であり、当然許される。そうした保守管理の点検の過程で、偶々、私用メールを閲覧する機会があったとしても、それはかかる通常業務の一環として行われるものであって何ら違法ではない。また、会社に対するクレームの処理を担当する部署においては、メールによる不審な外部クレームの有無やクレーマーによる攻撃の有無について、電子メールを閲覧して確認・管理することは、社員を守る意味もあって、同部署の通常業務の一環と言えるので当然許される。さらに、通信販売会社において、電子メールを用いて顧客に対応する場合、社員教育の一環として、メール対応の具体例を社員教育に反映させる目的で電子メールをモニタリングすることは、やはり、通常業務の一環ないし延長と考えられるので許される。

(3)「監視」としての電子メール閲覧について

a　プライバシーの権利の性質

所有権等の財産権が客観的権利とするなら、プライバシー権は主観的権利に分類される。個々の人が内心でもっている「期待」、つまり、「見られない期待」「覗かれない期待」といったものを保護する権利を内実とするからである。メールを例にあげると、「私用のメールなのだから他の人は見るはずがない」という期待である。所有権と違って、こうした主観的権利としての期待は、無定形で、時には期待が限りなくゼロとなり、あるいは、時には、大きくふくらむものである。新入社員が会社に入社する際、人事部門から「この会社では私用メールは禁止です。就業規則にも規程がある」などといった説明を受けた場合、新入社員は、電子メールを「覗かれない期待などもち得ない」と思い、プライバシーに対する期待がなくなる。言い換えると、会社における電子メール・コミュニケーションはプライバシーが開かれた空間となる。しかし、その後の日々の業務の中で、「実際、多くの社員は私用で電子メールを使っている。上司も黙認しており、禁止は建前だけだ。会社も従業員のメールを閲覧している様子はない」と考え、電子メール利用に関するプライバシーの期待が再び大きくふくらむこともあり、その者にとっては再びプライバシーが閉じられた空間となることもある。

b　電子メール監視の定期的な「事前告知」と目的の明示

現代の情報化時代にあっては、特定の不祥事が発生していなくても従業員を監視し、不祥事発生を予防する必要性は高く、かかる電子メールの監視活動を従業員のプライバシーに配慮しつつ実施する必要がある。一方で、従業員としては、入社時に私用電子メールの禁止の説明を受けたとしても、上記のように、再び私用電子メールに対するプライバシーの期待がふくらむことがある。そこで、こうした期待を恒常的になくす工夫が必要となる。「メールは覗かれていない」という従業員のプライバシーへの期待を恒常的になくすためには、モニタリングについてその旨定期的に事前告知を繰り返すのがよい。因みに、この場合、電子メール監視活動に対する全従業員の同意は不要である。告知で足りる。その理由は、やはりプライバシー権が「期待」を内実とする主観的権利であることに求めうるであろう。所有権等の客観的権利であればその放棄には同意書が必要であろうが、プライバシー権は期待がなくなればプライバシー権もなくなるのである。もっとも、念には念を入れて、全従業員から、電子メール・コミュニケーションに関するプライバシー権の放棄書をとることは可能であり、そのような実務も散見される。しかし、これは理論上の必須要件ではない。

監視活動の目的を明示することも重要である。即ち、電子メールの監視は、不祥事予防のために実施することとし、獲得した電子メール・コミュニケーションの情報も同目的以外には用いない、といった事前説明が同時に必要である。さらに、実際に定期的に監視しているという事実の告知も重要である。「実は監視していない」という噂が、再びプライバシーに対する期待をふくらませることになるからである。また、実際に監視することも、不正行為の抑止効果が発揮できるので重要であり、ぜひ告知だけではなく現実に監視を行うべきである。

c　電子メール監視の「公平性」

事前モニタリングとしての電子メール閲覧及び解析は、事件性を前提としない監視であり、社内不正の予防効果・抑止効果を狙ったものである。そうした監視が恣意的になされ、たとえば、事件性がないにもかかわらず、特定のA社員の電子メールを興味本位で、あるいは将来不正行為を行いそうだとの根拠のない思い込みによってその者の電子メールを継続的に閲覧することは許されない。A社員としては、「電子メールは会社に見られることがないという期待」それ自体は、事前告知によって存在しないとしても、「自分だけの電子メールが根拠なく閲覧されることはない」との期待はなお有していると考えられるからである。したがって、電子メール監視を有効とするための要件としては、既に述べた「事前告知」「目的の明示」といった各要件のほかに、「公平性」という要件も求められる。もっとも事前告知によって、定期的に全従業員の電子メールをすべてモニタリングするのは事実上不可能であり、不経済でもあるので、実際にはサンプリングによって一部の従業員に対する電子メール監視を実施することになるが、サンプリング方法にも恣意が入ってはならない。

なお、個人情報保護法経済産業分野ガイドラインは、従業者に対するモニタリング実施上の留意点について次のような内容を定めており、モニタリングの目的の明示、事前に社内実施規程案を社内に徹底、適正な実施を要求している。

【従業者のモニタリングを実施する上での留意点】

個人データの取扱いに関する従業者及び委託先の監督、その他安全管理措置の一環として従業者を対象とするビデオ及びオンラインによるモニタリング（以下「モニタリング」という。）を実施する場合は、次の点に留意する。

その際、雇用管理に関する個人情報の取扱いに関する重要事項を定めるときは、あらかじめ労働組合等に通知し、必要に応じて、協議を行うことが望ましい。また、その重要事項を定めたときは、労働者等に周知することが望ましい。

なお、本ガイドライン及び雇用管理に関する個人情報の適正な取扱いを確保するために事業者が講ずべき措置に関する指針（平成16年厚生労働省告示第259号）第三 九㈠に規定する雇用管理に関する個人情報の取扱いに関する重要事項とは、モニタリングに関する事項等をいう。

・モニタリングの目的、すなわち取得する個人情報の利用目的をあらかじめ特定し、社内規程に定めるとともに、従業者に明示すること。

・モニタリングの実施に関する責任者とその権限を定めること。

・モニタリングを実施する場合には、あらかじめモニタリングの実施について定めた社内規程案を策定するものとし、事前に社内に徹底すること。

・モニタリングの実施状況については、適正に行われているか監査又は確認を行うこと。

d　私用電子メールの「大量性」について――F社Z事業部事件

判例にも、電子メールの傍受とプライバシー侵害について判断したものがいくつかあるが、いずれの判例も、電子メールを閲覧する必要性と、電子メールを利用することによるプライバシーの侵害のいずれを重視するかを比較衡量の上、最終的な結論を下している。たとえば、Ｆ社Ｚ事業部事件（東京地判平13.12.3労働判例826号76頁）では、部下の受信メールを上司が本人に無断で監視した事例において、裁判所は、会社にメール禁止規定がなくても、私用電話と同様、会社の業務に支障がなく、その程度が軽いような場合には私用メールも許されるとした上で、当該関係者の送受信メール数が膨大であったところから、そのような私用メールは保護に値しないとし、プライバシー侵害は認定しなかった。この事案から学ぶことは、電子メール送受信の「大量性」という要素の重要性である。当該会社では、私用メール禁止規定も存在せず、事前告知も行われておらず、上司による特定従業員の電子メール監視という点では公平性にも疑問のある事案であった。それにもかかわらず、裁判所がプライバシー侵害を認めなかったのは、私用メールが就業時間中に大量に送受信されていたという事実に着目したからである。理論的に言えば、この事例は、プライバシー侵害の問題というよりは職務専念義務違反の問題としてとらえることができる。つまり、事前告知もなく、公平性にも問題があるような電子メール監視であって、プライバシー侵害を構成し得るが、監視対象となっていた当該私用メールのやりとりが大量であって、職務専念義務違反と認められるような場合には、プライバシーの保護価値も低い、という論理的な組立てによった判例であると理解できる。

e　従業員の協力義務から見た「監視」の許容性

以上見てきた電子メール監視の許容性と限界の問題については、従業員の協力義務の観点から理解することもできる。従業員には服務規程があり、また、誠実に勤務する義務（職務専念義務）が雇用契約上課されているので、会社による「監視」を含む不正予防活動や、不祥事が発生した後の社内調査に協力する一般的協力義務がある。しかし、予防的な監視の場合の調査協力義務と、事後的な社内調査の場合の調査協力義務には、程度の違いがある。事後的な調査の場合、不正が発生したという現実的な危機状況が存在しており、その中では、従業員にもある程度強い調査協力義務が認められて然るべきであるが、何ら不正が発生していない段階で、特定の従業員に対し、「監視」されることを受忍するよう求めることはできない。もっとも、特定の従業員を狙い撃ちするのではなく、全従業員を対象に、あるいは、無作為に選んだ従業員を対象に、不祥事予防等の正当な目的のために、公平に、かつ、事前告知及び右目的を明示した上で一定の監視を行うことは、従業員の協力義務の受忍限度内にあると言ってよい。

なお、この「公平性」「事前告知」「目的の明示」の各要件は、予防的な「監視」活動に適用される要件であって、事件性を前提とする「社内調査」にあっては、このような要件は無関係である。後に述べるように、事件性を前提とする社内調査にあっては、不公平な、特定の従業員だけをターゲットにした調査が許されるのである。また、社内調査にあっては、事前告知のない電子メールのモニタリングなどの調査も当然に認められるのである。不正嫌疑者を調査する場合に、その者にその都度事前告知をしていたら、証拠破壊されることが明らかであるからである。

このように、事件性を前提としない「監視」活動も一定の要件のもとで認められるものの、それは事件性を前提とする社内調査とは概念的にも要件的にも区別されるべき活動であることに注意を要する。

(4) その他の不祥事予防活動

a ビデオカメラによる監視

ビデオカメラによる監視においても、電子メールのケースと同様の考え方が当てはまる。社内における窃盗事件、業務上横領事件等の不祥事防止にあって、ビデオカメラによる監視がその抑止・予防に効果を発揮することがある。もともと、会社のオフィス空間は、従業員のプライバシーが保護される空間ではなく、プライバシー侵害の生じる余地は少ないが、ビデオカメラによる監視にあっても、電子メールによる監視同様、監視の対象となる従業員に対する事前告知は必要であって隠し撮りは許されない。また、公平性に関しても、特定の従業員の行動を根拠なくビデオカメラによってフォーカスして監視することは許されないが、不特定多数の従業員を対象とするモニタリングは違法性の問題は起きない。

もっとも、オフィス空間の中でも、従業員間で私的会話がなされがちな給湯室などプライバシーに対する配慮が必要なスペースもあり、仮に、防犯上、映像モニタリングが必要であるとしても、音声を録音しないなどの配慮が必要であろう。更衣室やトイレなどのスペースでビデオモニタリングを行うことが許されないのは当然である。録画記録の保管に関しても十分な注意を要するであろう。

b　アルコール検査、薬物検査

職種によっては、アルコールを帯びた状態での業務遂行が大事故につながるケースがある。パイロット、新幹線運転士、バス運転手、トラック運転手等の大量輸送機関の運転業務に従事する者である。このような職種の者に対しては、会社が事故防止という目的で、アルコール検査を実施することは合理的であって許される。医師、薬剤師等の医療職等に対して薬物検査を行うことも、同様に許される。

2011年4月からは、国土交通省令により旅客自動車・貨物自動車の運輸事業者に対して点呼時のアルコール検査が義務づけられている。また、「労働者の個人情報の保護に関する行動指針」によると、「特別な職業上の必要性」がある場合にはアルコール検査や薬物検査を実施することは問題ないとされる。

c　所持品検査

所持品検査には、不祥事が発生した後の社内調査の一環としての所持品検査と、不祥事予防としての所持品検査がある。ここでは、不祥事予防活動としての所持品検査の問題を考える。

顧客情報や企業秘密情報等の漏洩は、IT時代における深刻な不祥事であり、各企業ともその防止のための方策の確立に苦慮している。たとえば、製造業における製品工場においては、配送先である得意先のリスト、製品の配合表、原価表など、工場の外に持ち出されたら大不祥事となりかねない、そのような重要データは多い。しかも、USB等によって大量データは瞬時にコピーされ、手の平の中に隠匿して工場外に持ち出すことが可能なのである。こうした重要データの持出しを防ぎ、不祥事を予防するために、現在、様々な対策がとられており、私物のノートパソコンの持込みを禁止したり、USBの使用を全社的に禁止したり、ロッカー等に携帯電話を保管させたりするなどの方策のほか、従業員が工場から出る際に所持品検査を行うということも実施されている。

このような不祥事予防活動としての所持品検査の適法性に関しても、電子メール等による監視の許容性に際して述べた原則が妥当する。即ち、事前告知、目的の明示、対象の公平性が担保できれば問題ないが、所持品検査は電子メール等に比してプライバシー侵害の程度が高いので、手続に関して、自主的にバッグから物を出させ、バッグ口を開放させて覗き見るだけとするとか、ポケット内の検査もポケット内の物を全て出させるだけにとどめる等の配慮は必要であろう。これ以上に、バッグに手を入れて在中物を確認したり、ポケットを触ったり、ポケットに手を入れて確認するという態様の検査は、原則許されず、検査対象者が積極的に協力せずに何かを隠し持っているとの不審が高まった段階で初めて許されると考えるべきである。

ここで、所持品検査に関する二つの重要な判例を概観する。まず、事件性を前提とする社内調査活動としての所持品検査に関する判例がある[1]。引っ越し業者において、引っ越し作業終了後に、顧客から「財布が盗まれている」という苦情が入り、会社の守衛室内において担当従業員の所持品検査を実施したという事案である。これは窃盗という事件性が存在するゆえ、予防活動としての所持品検査ではなく、社内調査としての調査活動である。この事案における所持品検査の態様が「ポケットの中にあるものを全部出してください」というにとどまらずに、着衣の上から身体、そして胸ポケット、ズボンのポケットを触ったという態様であったこともあって、違法と判断された。もっとも、検査対象者からポケットを触っても良いという明確な同意を得ていれば問題のないケースであった。なお、この事例では後日、結局、顧客宅内から財布が発見された。

その他の判例としては、関西電力事件[2]がある。これは、同社従業員の中に共産党員がおり、この者の行動を調査した際、対象者を尾行したり、机の中を調べたり、ロッカーの中を検査するなどした事案である。これは、特定の事件性の存在を前提とするものではなく、どちらかと言うと監視活動であると位置づけることができ、しかも、その目的も不祥事予防にあるのではなく、どちらかと言うと共産党員である従業員の孤立化政策の一環としての活動であった。したがって、監視活動の目的の

1　日立物流事件（浦和地判平３.11.22判例タイムズ794号121頁）
2　関西電力事件（最三小判平７.９.５判例タイムズ891号77頁）

相当性にも問題がある上、特定の従業員を狙い撃ちにしており、監視態様も、ロッカーの中を調べるなどプライバシー侵害の程度が高く、裁判所は、違法とした。違法とされたのは当然である。ここで、注意すべきことは、裁判所は、こうした監視活動の全体を観察して違法としたのであって、個々の活動、たとえば、尾行などが常に違法となるわけではない。いずれにしても、事件性を前提としていないのであれば、特定の従業員に対し、事前告知等がないまま、尾行等の監視活動を行うことは許されない。

d　信用情報の収集活動

最近、問題となった事例であるが、大手警備保障会社が、全従業員を対象として、トラブル予防などを目的として、自己の借金総額や返済状況などの信用情報を提出するよう求めたことがプライバシー侵害として問題とされた。

信用情報を管理する国指定の信用情報機関側が、この行為は目的外使用に当たるおそれがあると指摘したことから、結局、このような信用情報の収集活動は中止となった。トラブル予防という目的と、信用情報の提供という手段に合理的関連性があるかどうか疑いがあるのみならず、借財等の情報は特にプライバシー性が強い情報であることからすると、そのような情報収集活動は、仮に、事前告知、目的の明示、公平性という各要件が充たされるとしても、問題ある活動と言える。

e　ポリグラフ検査

いわゆる嘘発見器と呼ばれるもので、米国では官公庁や政府機関、軍関係機関に就職する際には、ポリグラフ検査が広く活用されている。採用の段階で、将来、不正を犯しそうな者を振るいにかけることができれば不祥事抑止としてはこれに勝るものがなく、言ってみれば、不祥事防止の「水際作戦」のようなものである。もっとも、わが国では、ポリグラフ検査はその信用性・正確性に疑義があるとされる点や人権上の問題（黙秘権侵害）もあって、これを採用するところはほとんどない。このうち、ポリグラフ検査の信用性・正確性については、現在ではかなり精度が上がっている。そこで、最近、警察庁において、現職警察官の不祥事予防の方策として警察官の採用試験にポリグラフ検査を導入することが検討されている[3]。

f　役員研修・社員教育による不祥事抑止

役員研修や社員教育によって倫理観を高めることは、ある意味、企業不祥事の抑止に最も効果がある。冒頭に述べたように、企業不祥事の原因の特色は、「不正を行ってもばれない」といった慢心にあり、上司の命令であればやむを得ないというモラル欠如にある。そのような者の意識改革が何よりも重要である。役員研修、社員教育の機会を通じて、モラルの喚起と、不祥事の結果の重大性を繰り返し教育していく必要がある。その際には、実際に、企業不祥事の調査に当たった専門家を講師に呼んだり、架空の不祥事を設定してマスコミ等への対応に関するシミュレーション訓練を行うのがより効果的である。不祥

3　平成25年1月8日朝日新聞朝刊1面

事に伴う様々な悲劇を臨場感をもって感得することが教育の中心となる。

g　内部通報窓口を社外の調査専門家とする

内部通報制度は、後に詳述するとおり、不祥事を早期に発見するためのツールであるが、当該制度を設置すること自体、不祥事の抑止となる。さらに効果的な抑止装置とするためには、内部通報の受付窓口の選定にも注意を払うべきである。不祥事調査経験の豊富な元検察官の弁護士等であれば、通報がもたらされた瞬間、即座に調査に着手するであろうし、社内の政治勢力分布にかかわらず、公正に調査を進めるであろうから、そのような人材配置は不祥事の動機づけに対して大きなブレーキとなって働くことになるであろう。

h　不祥事公表と抑止

不祥事公表の問題は、第10章において詳細に述べるが、不祥事公表にも目的がいろいろとある。株主、債権者、一般消費者、投資家等のステークホルダーに対する説明責任の履行としての公表がある。そのほか、役員や従業員に対して、将来二度と同様の不祥事を起こさないための教訓ないし抑止としての公表がある。特に、後者の目的をもった公表、たとえば、不正行為者の懲戒処分の社内告知は、会社関係者に不祥事を身近なものとして感得させるであろうし、処分結果だけでなく、不祥事の具体的態様を明らかにして告知することで、抑止効果は一層働くと思われる。さらに、こうした過去の事例を教材に社員研修を実施することも不祥事抑止力を高める一つの手段となり得る。

2 不祥事を早期に発見するための諸方策

(1) 不祥事の抑止と早期発見

本書が志向する戦略的コンプライアンスにあっては、情報不祥事に見られるように、一旦、不祥事が発生してしまうと取り返しがつかないという危機意識のもと、不祥事をいかに抑止し、その発生を未然に防ぐかという関心をまず優先させる。不祥事抑止のための方策としては、電子メール監視、ビデオ監視、アルコール検査、薬物検査、所持品検査、信用情報の検査、ポリグラフ検査、役員研修、社員教育、内部通報窓口を社外の調査専門家とすること、不祥事公表などがあった。次に、かかる抑止戦略にもかかわらず、不祥事が発生してしまった場合、言い換えると、不祥事抑止に失敗した場合には、次の企業防衛策として、不祥事の早期発見を可能とする“装置”によって、不祥事がいまだ深刻な段階に至っていないうちに早期に発見することが重要となってくる。不祥事は、その性質上、次の関連する不祥事を呼び、これを隠蔽しようとして新たな不祥事を連鎖的に呼び込み、時の経過とともに拡大する傾向がある。早期に不祥事を発見し、まだ小さい芽のうちに摘むことが、会社のレピュテーション・リスクの最小化のためにも必要である。不祥事の早期発見の装置としては、内部通報制度及び社内リーニエンシー制度があり、さらに、お客様窓口の設定や人事異動の戦略的運用がある。

(2) 内部通報制度について

a 社内通報優先主義

内部通報制度は、もともとわが国には存在しなかった制度であり、米国からの輸入に係る制度である。文化的には、日本ではむしろ「告げ口」を潔しとしない。しかし、現象として内部通報や内部告発が不祥事発覚の端緒となってその摘発に貢献している以上、国としても、そのような通報者の保護法制を検討せざるを得なかったものと思われる。特に、事後規制社会にあっては、不祥事発覚の端緒を内部通報に依存する度合いは大きい。

そこで、わが国でも2004年6月に公益通報者保護法が公布され、2006年4月1日から施行された。この法律は、要するに、内部通報者、内部告発者に対する解雇や減給その他不利益な取扱いを無効とすることによって、間接的にこれらの者を保護する法律である。ここで、内部通報者とは、会社内部に不祥事を通報する者のことをいい、内部告発者とは会社の外部に対して不祥事を通報する者のことをいう。ところで、この公益通報者保護法の考え方に注目すべきである。それは、同法は、通報先ごとに通報者が保護されるための要件が異なっていて、①通報先が労務提供先の場合、即ち、社内への内部通報の場合、誠実に不祥事であると「思った」だけの通報も保護される。しかし、②通報先が行政機関の場合、内部告発者が保護されるためには、「相当な理由」が必要であって、具体的には客観的証拠が必要とされる。さらに、③通報先がその他の外部機関（マスコミや消費者団体）のときには、相当な理由＋α、たとえば、証拠隠滅のおそれがある場合等にはじめて保護されるのである。この考え方は、本書で用いるリスクレベルの第一類型と第二類型の考え方と軸を一にするものである。会社が自浄能力を十分発揮して不祥事を解明しガバナンスを回復することが理想であるとの考え方から、不祥事を知った者も、まずは社内に通報するよう間接的に促し、第一類型の端緒となることを理想としているのである。しかし、そうは言っても、肝心の会社トップが証拠隠滅を図ったり、隠蔽を図ったりするような場合には、もはや最初から自浄能力の発揮など望めないから、監督庁やマスコミに対する告発も証拠があるのであればやむを得ないとし、仮にそのことが第二類型の端緒となって会社がパニックに陥ったとしても、その者の解雇を正当化できないであろうという考え方である。

会社の自浄能力発揮の機会を可能な限り保障するという本書の立場からは、内部通報に関する社内規程としても、不祥事を知ってこれを通報する場合には、最初に社内の窓口に行うべきであるという旨の、「社内通報優先主義」ともいうべき規定を置くことを推奨する。

b　内部通報制度利用の活性化のために

公益通報者の保護法制の整備に伴い、現在、多くの会社で内部通報制度が構築されている。一部上場企業で言えば、9割近い会社において設置されているとの統計報告もある。その内部通報制度の利用状況は会社によってまちまちである。中には、せっかく内部通報窓口を設け、担当者を置いたにもかかわらず年に１、２件しか内部通報がないという会社もある。内部通報がないということが不祥事がないことを意味するのであれば喜ばしいことであるが、不祥事が現に発生しているにもかかわらず、それを知る従業員が上司等に気兼ねして、あるいは、人事報復をおそれて内部通報できないでいるとしたら、深刻な事態である。そこで、内部通報制度の使い易さについて検証し、たとえば、就業時間外でも受け付ける、インターネットやメールでも受け付ける、24時間体制で受け付ける、匿名でも受け付けるといった工夫が必要となろう。また、会社としては、時折、社内アンケート等を実施して、内部通報制度の問題点、たとえば、通報者の保護に関して懸念が存在するのかどうかなどについて検証する必要があろう。さらに、内部通報制度の実効性確保のために、通報者に対し、処理結果、調査結果のフィードバックがきちんとなされているかについても検証が必要である。既に述べたように、事後規制社会にあって、内部通報制度は、会社が自浄作用を発揮する重要な装置であり、企業防衛の最後の砦である。通報者保護の点や内部通報後の会社の即応体制に不安があって、不祥事を認知しても内部通報を躊躇するようでは、いずれマスコミや捜査機関等の外部関係者が不祥事を察知し、会社は自浄作用を発揮できないまま、パニックに陥ることになる。それを避けるために、内部通報制度があるということを改めて想起すべきである。

なお、オリンパス社で内部通報を行った従業員が配置転換の不利益を受けたとして争われた訴訟では、裁判所は、当該配置転換を無効とした（最高裁平成24年6月28日決定）。こうした司法判断は、内部通報制度をより実行化させるものとして、歓迎すべきである

(3) 社内リーニエンシー制度について

もともと、リーニエンシー制度というのは、2004年1月施行の改正独占禁止法で採用された制度をいい、談合やカルテルを自主的に申告して調査に協力すれば、課徴金の免除や減額を受けられるという制度である。公正取引委員会の立入り調査前に協力すれば、最初に申請した会社は全額が免除され、刑事告発の対象からも外れ、2番目は50%の減額を受け、3番目は30%の減額を受け、立入り調査後も、最大3社までは30%の減額を受けるというものである。このような制度を社内制度にも取り入れようとしている会社が増えてきている。会社のヘルプライン（内部通報規約）に、役職員が加担する不正事実について、社内調査開始前に自首申告をして、さらに、社内調査に協力した場合には、当該社員に対する社内処分の減免を定めるような事例が増えてきているのである。

もちろん、このような司法取引類似の制度に対しては、処分の公平性という問題点が常につきまとう。しかし、不祥事を早期に発見することは、会社自身の再起のみならず、現に進行し

ている不祥事を止め、被害拡大を防ぐ効果があるので、正当性は十分に認められると考える。注意すべきは、いずれにしても、懲戒処分にかかわる事項であるから、規定に減免の要件と基準を明示することである。

(4) お客様相談窓口の設置について

古典的な手法であるが、お客様窓口の設置が不祥事の早期発見に有効である。寄せられる声のほとんどはクレームであろうが、中には、このような窓口を利用して不祥事情報が提供されることもあるのである。問題は、これを受ける会社側の体制であって、単にクレーム処理といった姿勢で日々処理していては、重要な不祥事情報のヒントが寄せられたときに、その重要性に気づかない。そのようなことをなくすためには、クレームそのものに対する認識を改めるべきである。クレームにはサービス向上、製品工場のヒントが「宝」のように潜んでおり、数々のクレームの中にこそ企業発展の秘密が隠されているという姿勢でクレーム処理に当たるべきであろう。そうした中から、逆に、会社にとって重大な危機となるような不正情報を読み取る能力も向上していくのである。

(5) 人事マネジメントと不祥事の早期発見

不祥事は、経理不祥事に限らず、人事異動の際に発覚することが多い。前任者は自己の不祥事の隠蔽を十分に図るほど余裕はなく、人事異動の発令も短期間告知で実施される場合も多く、隠蔽のための時間的余裕もないからである。そこで、このような人事マネジメントを不祥事の早期発見ツールとすることも考慮してよい。たとえば、経理部門や渉外交渉を多く行う部署など、不祥事の発生しやすい部署を分析しつつ、異動頻度にメリハリをつけるなどのマネジメントも有効であろう。

問題は、海外子会社である。海外子会社は、言語や文化の問題もあって、これに対応できる人材はどの会社でも希少である。それゆえに、一旦、ある特定の社員が海外子会社に出向転勤となり、その業務を一手に任されると、人事異動の代替性がなくなって、長期の勤務となり、地元との癒着が生じる可能性が出てくる。汚職など、地元との癒着から生じる不祥事類型にあっては、人事異動である程度予防できるものであるが、特に、海外子会社の人事異動には、この点の関心を失ってはならない。

第3章

社内調査の端緒と事件性の判断

1 社内調査とは何か（「調査」の基本概念）

(1) 社内調査の目的と複合的性格

企業不祥事の抑止や早期発見の重要性について理解を深めたと思うので、次に、いよいよ、不祥事の発生を前提とした社内調査の問題に入っていく。会社内で不祥事が発生した場合、その原因を究明し、不正行為者の特定と処分を厳正に行ってガバナンスを回復し、再発防止策を策定・実施して株主、取引先その他のステークホルダーの信頼を取り戻すこと、これが社内調査の目的である。このような企業活動は、営業活動等といった本来の企業活動と比較すると、性格的に特殊な活動と言える。社内調査は、原因究明とそのための事実調査という正確性と妥当性が求められる活動のほか、不正行為者の処分という公正さが求められる権限の行使、再発防止という組織改革、システム構築、政策論といった各視点が求められる。その意味で、複合的性格を有するのである。中でも重要なのが、原因究明のための事実調査である。事実調査が不徹底ないし不十分であると、結局、原因究明は不成功に終わり、不正行為関係者の処分も行うことができず、再発防止策も立てられず、時には二次被害、三次被害ももたらして社会の信用を失うのである。それほど事実調査は重要であり、社内調査の中核をなすと言える。そこで、本書においても、事実調査の問題に重点を置くこととする。

(2) 社内調査の法的根拠

社内調査は、定款にも定めのある定期的な財務監査や会計監査とは異なり、一般的には会社規則に明文規定のない特殊、かつ、臨時的な企業活動である。このような社内調査は、いかなる法的根拠に基づき許されるのか。

会社は言うまでもなく一種の団体であり、組織体である。組織体はいかなる組織体であれ、その組織の秩序を維持するための秩序維持権能というものを団体法理上当然に有する。それが、不正が発生した場合の調査権限であり、不正行為者にペナルティを科すための懲戒権限であったりする。なぜ、会社という組織体はこのような秩序維持権能をもつか。組織体としての会社のガバナンスを乱すような不正行為があった場合に、秩序維持のための機能を発揮できないとすれば、会社はその存立基盤を維持できず、自己否定につながるからである。不正を解明して懲罰を与えてガバナンスを回復する、これは会社の組織防衛行動であり、そのための秩序維持権能を会社は当然にもつのである。

警察や検察などの国家機関であれば、法治主義の要請からその権限は、捜査権限を含めてすべて法に定められていなければならない（強制処分法定主義）。しかし、企業の社内調査は違う。会社の定款や就業規則などに明文で規定されていなくても、企業であれば、団体法理上、当然に有する権限なのである。

ところで、既に述べたように、調査権限ないし懲戒権限の名宛人である会社従業員には服務規程がある。また、誠実に勤務する義務が雇用契約上も義務づけられている。そこで、企業が、その企業活動の一環として正当な根拠に基づいて社内調査を行う場合、従業員はそれに協力する義務がある。その意味では、調査権限は、会社と従業員との間の雇用契約上、認められる権限とも言える。ただ、社内調査は、「捜査」と違って、物理的強制力はない。警察権力であれば、捜索・差押え、逮捕、勾留ができるが、そういった権限は企業にはない。もっとも、強制力は一切ないというわけではない。文書提出命令、その他服務規程等に基づいた様々な命令を企業は従業員に対して発することができる。また、そうした業務命令に反した場合には、協力義務違反として、譴責等の懲戒処分も可能である。その意味では、法的な強制力は存在すると言える。

このような法的な強制力がなければ社内調査もその実効性を確保しがたく、原因究明もままならないであろう。実効性ある社内調査を可能とするために、就業規則等の服務規程の中に、調査への協力義務及びその違反の効果としての処分内容を具体的に明示しておくことは大切である。どのような制度にも限界がある。会社は警察ではないのだから社内調査には限界があるとして不祥事原因の究明を諦める前に、警察による逮捕、捜索押収権限がなくても、工夫次第によってそれと同等の、もしくはそれ以上の効果的な調査は可能であることに目を向けるべきである。何といっても、会社は、不祥事に係るあらゆる証拠に近く（「証拠は社内にある」）、調査の対象者は同じ社員ゆえに協力を得やすいという、捜査機関にとっては羨ましい調査環境にあることを忘れてはならない。

2 社内調査の端緒とリスクレベル

(1) 調査の端緒における「第一類型」と「第二類型」

不祥事を予防するための諸方策にもかかわらず、不祥事が発生してしまった場合、会社にその不祥事が発覚するルート、即ち、調査の端緒にはいくつかある。運よく不祥事の早期発見となった内部通報（社内の人間が社内の内部通報窓口に通報すること）による場合、監視（ビデオモニタリング等）、財務監査を主とする定期的な監視による場合があり、その他、国税庁による税務調査、監督官庁による調査、証券取引等監視委員会による調査、公正取引委員会による調査、捜査機関による捜査、マスコミ報道など、外部機関によって不祥事情報がもたらされる場合がある。

こうした不祥事発覚の端緒を並列的にではなく、リスクレベルに応じて分類するならば、内部通報、監視、財務監査など、会社内部の不祥事探知装置によって不祥事が発覚した場合と、内部告発（社内の人間が社内の不祥事についてマスコミや捜査機関など外部の機関に対して通報すること）、マスコミ報道、捜査機関による捜査、国税庁、証券取引等監視委員会、公正取引委員会等の行政官庁による調査など外部の機関等によって不祥事が明らかになる場合とに分けることができ、かつ、両者で、リスクがまったく異なる。本書では、前者の端緒を便宜上、「第一類型の端緒」といい、後者の端緒を「第二類型の端緒」といって区別することとするが、第一類型の端緒の場合は、第二類型の端緒に比べて不祥事発覚後のリスクは比較的小さい。なぜなら、社内で発覚した不祥事であれば、リスクも会社のコントロール下に置かれ、迅速かつ適正な社内調査によって、原因究明と不正関係者の処分を行うことができ、その後に対外的に公表することによって自浄能力をアピールすることができるからである。「事後規制」社会にあっても、会社はパニックに陥ることなく、不祥事に対応することができるのである。

これに対して、第二類型の端緒の場合には、リスクが極めて大きい。外部の機関によって会社の不祥事が発覚した場合には、社内調査もマスコミ対応も、再発防止に関する検証もいずれも後手に回り、会社のレピュテーションを毀損するリスクが高まるのである。このような不祥事発覚の端緒にあっては、まさに、不祥事は、行政処分、刑事罰、報道による社外的制裁などの「事後規制」によって一刀両断に処断され、会社は、自浄能力をほとんど発揮できないままステークホルダーや世間から見放されてしまうことすらあるのである。

⑵ 不祥事隠蔽のリスク

もっとも、第一類型で不祥事が内部的に発覚した場合にあっても落とし穴があることに注意すべきである。せっかく第一類型の端緒で不祥事が社内で発覚したにもかかわらず、これを隠蔽してしまうことである。隠蔽は、調査しない、という不作為を通り越して、積極的な行為を伴うことが多い。たとえば、関係書類のシュレッダーでの廃棄、監督官庁への虚偽報告書の提出、関係者間における口裏合わせ、下請企業への口止め工作などである。会社が不祥事をひとたび隠蔽するならば、その後、会社が自浄能力を発揮する場は永久に訪れない。これは、オリンパスの損失飛ばし事件を見ても明らかであって、隠蔽を契機として、不祥事は代々引き継がれ、がん細胞のように増殖して会社を蝕んでいくのである。また、現代の情報化社会、ソーシャルネットワーク社会では、カスタマー・パワーの増大に伴い、隠蔽し通すことはもはや不可能であって、「あらゆる不正はいずれすべて白日のもとにさらされる」のである。たとえば、内部通報者が不祥事を内部通報したにもかかわらず、会社が何も行動しなかった場合には、いくらその者に対して会社が口止め工作をしようが、結局、内部告発、マスコミへの情報提供、捜査機関への告発等となって、白日のもとにさらされる時が来るであろう。この場合に会社が受けるダメージは、第二類型にも増して大きい。不祥事というスキャンダルと不祥事隠しというスキャンダルが重畳的に会社を倒産へと追い込んでいくからである。隠蔽は、それ自体不祥事であるということを肝に銘ずべきである。

3 事件性の判断手法について

(1) 調査するリスク、しないリスク

第二類型のように、既に捜査機関やマスコミ等に不祥事が発覚している場合に、会社として社内調査に着手しないという選択肢は存在しない。このような場合には、捜査対象ないし報道対象となっている事実が果たして合理的疑いを入れない程度に犯罪を構成すると言えるかは別としても、事件性そのものは明らかに認められるからである。

しかし、社内調査の端緒の中でも内部通報にあっては、果たして現実に事件性が存在するのか否かに関して十分な注意が必要である。内部通報制度が構築され、内部通報窓口という会社中枢へのアクセスが容易となったが、その容易さゆえに、不正行為の申告という本来の目的に沿った通報ばかりでなく、上司に相談すれば解決するような問題に関する通報ないし相談、怪文書まがいの通報、上司や同僚への誹謗中傷、嫌がらせ、逆恨み、人事に対する報復としての虚偽通報などが持ち込まれることがある。たとえば、上司のパワーハラスメントとして通報された事実が、実は、通報者自身の職務内容に対する単なる不満

の裏返しにすぎないものであったり、また、セクシャルハラスメントとして通報された事実が、実は社内の特殊な人間関係（社内恋愛など）に由来する誹謗中傷、ないし虚偽申告であったりする。それらの、いわば、事件性の存在に疑問のある通報についてすべて、会社として正式な社内調査に移行させることは現実的ではなく、時間のロスでもある。このような通報を受けて、安易に本格的な社内調査に移行し、不用意に被通報者を調査対象者としてヒアリングなどの調査を実施するならば、「犯人扱いされた」「被疑者扱いされた」などと抗議を受け、逆に訴訟リスクが生じる可能性すらある。訴訟に至らないまでも、仮にそうした内部通報が虚偽であった場合、調査対象となってしまった従業員の会社に対する忠誠心は失われ、会社にとっても優秀な人材を失うことになりかねない。それだけにとどまらず、調査を実施した法務部等の関連部署への風当たりも厳しくなって社内の人間関係も悪くなり、職場環境への悪影響も否定できない。

他方で、信憑性が高い内部通報があったにもかかわらず、これを放置したことによって、通報者が自社の自浄能力に疑問を抱き、外部のマスコミや捜査機関に対して内部告発を行ったために、会社が自浄能力を発揮する機会を失い、重大なリスクにさらされることもある。

そこで、内部通報があった場合には、事件性が存在するか、申告に係る事実が虚偽ではないか否かを慎重に吟味する必要がある。

⑵　事件性判断に関する形式審査

社内調査が問題となる不正行為とは何か。不正とは形式的には「懲戒処分を科すべき行為」を意味する。ここで注意すべきことは、会社の就業規則に規定がない行為は懲戒処分にすることができないということである。このような形式審査によって事件性が認められないようなケースを最初に振るいにかけることになる。

懲戒処分は、一種の制裁罰であるので、刑罰について妥当するのと同様の観点からの吟味がなされる。そこで、罪刑法定主義の観点から、就業規則には、懲戒の事由とそれに対する懲戒処分の種類・程度が明定されていなければならない。たとえば、A課長が取引先からリベートを受け取っているとして内部通報があったとしても、就業規則の懲戒事由にそのような行為を禁止する規定がない場合、懲戒処分を科すことはできず、「譴責（けんせき）」すら行うことができない。したがって、懲戒処分を科すための社内調査を行うこともできず、ヒアリングはせいぜい就業規則改正のための背景調査や情報収集を行う手段として、政策的に実施できるにすぎない。通報事実が一見して「不正」であるかのように感じ、就業規則の懲戒事由を十分検討することなく、拙速にも社内調査を開始し、関係者や「不正」嫌疑者に対するヒアリングを実施し、通報に係る行為に関して譴責したものの、後になって懲戒事由に該当しないことが判明するといった事態は避けなければならない。

それゆえ、内部通報を受けた場合に最初に行うべきことは、就業規則の懲戒事由に目を通し、当該通報事実が懲戒事由となるか否かを確認することである。同時に、就業規則についても、社会事象に適応して改正点がないか、新たに懲戒事由として加える行為はないかなどを常に意識して、改正すべき点は改正していく姿勢も重要である。また、懲戒事由の漏れを防ぐためには、懲戒事由の最後に「その他前各号に準ずる行為のあったとき」といった包括的規定を置くなどの工夫が必要である。

ところで、事件性を判断する際には、生の社会的事実を法律行為に振り分けて整理し、分析吟味する能力がどうしても必要である。内部通報により寄せられた情報であるにせよ、マスコミ等の外部から寄せられた情報であるにせよ、指摘されている行為ないし状態が、何らかの不祥事を構成するものとして情報提供されているはずである。しかし、提供される情報は、犯罪構成要件的に整理された情報ではなく、生の事実そのものである。循環取引が行われている、役員の浪費が限度を超えている、カラ出張が横行している、下請け会社にリベートをバックしているといった生の事実として提供されるのである。こうした事実が法律的にどのような違法行為を構成するのか、あるいは、懲戒事由の中のどのような不正行為に該当するのかを判断することは時に難しい。循環取引は詐欺罪を構成することもあろうし、粉飾決算となることもあろう。また、役員の浪費が背任となるのか横領となるのか区別が問題となることがある。そこで、事件性を判断する初期の段階から、法律専門家たる弁護士、刑事事件の扱いに慣れた弁護士の関与が必要不可欠となる。弁護士であれば、単に懲戒事由に該当する行為であるかどうかだけではなく、同じ行為であっても、詐欺罪として法律構成するのと粉飾決算として法律構成するのといずれが立証上容易であるかといった証拠構造に踏み込んだ判断も可能となるのである。

(3) 事件性判断に関する実質審査

内部通報によってもたらされた通報事実が、社内の就業規則上、形式的には懲戒事由に該当する不正行為といえる場合、次に検討すべきことは、かかる通報事実の信憑性について実質的に吟味することである。たとえば、通報に係るセクハラ行為が、就業規則の懲戒事由の「社員の品位を乱し、会社の名誉を汚すような行為をしたとき」に該当する場合であっても、セクハラ行為を行ったという訴えそのものが虚偽であるような場合には当然懲戒処分を科すことができず、逆に、そのような虚偽の内部通報を行った者が、「服務規律を乱し、又は会社の業務運営を妨げ、又は会社に協力しないとき」といった懲戒事由に該当するとして懲戒処分の対象となり得るのである。

ところで、内部通報の信憑性を判断することは容易ではない。社内調査の全体プロセスそのものが通報事実の信憑性を吟味する活動と言えるのであって、内部通報者に対する初動ヒアリングの段階で、通報事実が虚偽であるかどうかを判断するのは困難である。しかし、それでも、内部通報者に対する初動ヒアリングの段階で確認すべき事項はある。それが、①通報動機の聴取とともに、②通報時期の確認である。

内部通報者は、不正の事実を知って内部通報をすることになるが、不正の事実を知ったのが内部通報時期よりも半年も１年も前である場合、当然、なぜすぐに通報しなかったのかが問題とされる。架空取引等の不正にあって、実は通報者も共犯的な役割を担っていたところ、その後、「仲間割れ」などによる離反となって、恨みや報復等から内部通報に至ることもある。こうした内部通報にあっては、架空取引という「不正」の存在自体は真実であるとしても、通報者は自己に不利な事実は隠す傾向にあることから、通報事実の信憑性そのものに疑いが生じてくる。したがって、通報事実の信憑性を判断するために、内部通報者に対するヒアリングにあっては、不正を知った時期がいつであるかを、知るに至った詳細な経緯や通報動機とともに語らせ、その供述の信憑性を判断すべきである。

パワハラやセクハラの被害通報にあっても、たとえば、被害に遭った半年後の通報であって、人事異動時期の通報である場合には、人事異動に対する不満や憤りを虚偽の内部通報によって晴らすといった事例がないとは言えない。通常であれば、そうした被害に遭った場合には、すぐにでも会社に是正を求めたいであろうし、被害直後に内部通報をするのが自然である。内部通報の影響などを考慮し、通報を躊躇することはあっても、半年も１年も経ってはじめて通報するという場合には、被害感情以外の諸事情が通報動機となっている可能性を排除できず、そのような諸事情が通報内容の信憑性に係ることが多いのも事実である。

このように、通報時期との関連で、通報者に通報動機を確認することは重要である。

第4章

社内調査の準備

1 調査モデルの選択

(1) 調査モデルの種類

不祥事に関する内部通報等があって、通報内容について事件性も認められる場合に、いよいよ本格的な社内調査へと移行していくことになる。その社内調査の準備として最初に行うべきことは、社内調査体制の構築であり、いかなる調査モデルを採用し、いかなる陣容で社内調査に当たらせるかを決定することである。この調査モデルの選択という作業は、二つの意味で社内調査の成功不成功を左右する重要作業と言える。一つには、社内調査の実施者の調査能力如何で不祥事の事実解明、原因究明が決せられるという意味において重要である。もう一つは、採用した調査モデルの性格及び手続如何で、株主、顧客、債権者、一般消費者等のステークホルダーに対する説明責任を果たせるか否か、社会の信頼を取り戻せるか否かが決せられるということである。

ところで、社内調査の実施者としては、会社内部の法務部等の関連部署の人員のみで構成する純粋な内部調査チームのほか、これに弁護士等の外部専門家を加えたもの、さらに、近時話題となっている純粋な外部の委員で構成する「第三者委員会」というものがある。過去の不祥事において、実際に設置された社内調査主体を類型化すると、次の三つのタイプに整理することができる。

Ａタイプ（純粋に社内メンバーのみで構成された調査チーム）、Ｂタイプ（混合型、つまり、社内メンバーも入るが、外部から専門家、会計士や弁護士等をチームに加えて調査を行う調査委員会、なお、日弁連のガイドラインにおいて、「内部調査委員会」という言葉を使用しているタイプがこれである）、Ｃタイプ（日弁連ガイドラインが定義する「第三者委員会」であり、極めて厳格な調査手続と調査ルールをもった類型）の三つである。さらに、このＣタイプの中でも、調査姿勢の違いによって次のＣ１とＣ２タイプに分けることができる。

Ｃ１タイプとは［完全な独立調査型］である。社内メンバーだけの社内調査委員会を一切並列させずに、純粋に第三者委員会だけで社内調査をするという完全独立型の調査体制を採用する場合をいう。

Ｃ２タイプとは、事後審査型ないしダブルチェック型であり、当初は上記ＡタイプないしはＢタイプの調査主体で調査をするものの、それらは独立性が弱く調査結果の客観性や中立性に欠くことから、調査内容について純粋な第三者による委員会で改めて検証するものをいう。この場合の第三者委員会というのは、自ら全面的に調査するのではなくて、ＡないしＢの調査委員会による調査結果をみて、その調査方法、調査の期間、調査の対象者、事実認定の手法、証拠評価の妥当性といったものを事後的、かつ、客観的に検証し、正当性を付与するタイプの第三者委員会である。

なお、本村健＝梶谷篤ほか『第三者委員会―設置と運用』（金融財政事情研究会）によれば、統計上の参考数字として、Ａタイプが６社、Ｂタイプが21社、Ｃタイプが113社で採用されているとされる。このように、実際の事例を見ると、Ｃタイプが特に多いことがわかる。もっとも、これらの不祥事はいずれも公表事例であり、公表していない不祥事は数多く存在し、その多くはＡタイプの実施者によって、社内調査が行われていたと考えられる。

(2) 新しい調査モデルとしての「第三者委員会」について

a 第三者委員会（日弁連ガイドライン）誕生の背景

調査というものは、最終的に依頼者に結果報告される。従来型の内部調査委員会においては、調査の依頼者は不祥事を起こした当該会社であって、調査結果は会社に報告される。そして、調査結果の公表権限も当然依頼者たる会社にある。調査委員会は、調査の成果物としての調査結果を会社に提供するだけであり、それを公表するかしないか、あるいは一部公表するのか、要約公表するのかは、もっぱら会社の裁量に委ねられている。しかしながら、このような従来型の内部調査では、せっかく調査委員会が厳格公正に不祥事原因について調査したとしても、その調査結果が会社の都合で公にされなかったり、一部公表という形で歪曲化されたりすると、調査の意義は半減してしまう。結局、その会社は、世間に対して公にできなかった不祥事原因を将来もかかえながら営利活動を続けることになるのである。

また、従来の内部調査委員会にあっては、外部委員として弁護士や会計士等が委員として加わるとしても、会社関係者も同様に委員となることが多かった。しかし、このようなメンバー構成であると、調査委員会のメンバーとなっている会社関係者から、調査方針、調査状況や調査内容に関する情報が会社に報告、伝達されることになって、調査方針等に対する会社の介入を招く可能性もあった。会社の意に沿わない調査事項に関しては、「そこまで調査する必要はないのではないのか」といったネガティブな反応が会社サイドから委員会内部のメンバーを介して各委員に伝わり、委員会の中での議論においても特定の調査事項に反対する意見として現れ、間接的に会社が委員会をコントロールすることが可能となっていたのである。結局、そのような内部調査委員会では、依頼者である会社の意向に沿った調査しかできないのではないか、不祥事の原因究明は困難ではないか、という問題点があげられていた。内部調査委員会の委員としての弁護士も、依頼人である会社から報酬を受け取って、会社のために調査に従事する。そのため、依頼人である会社にとって不利となる事実、たとえば、会社上層部の不祥事関与等については言及を控える傾向があった[4]。

こうした背景があって日弁連のガイドラインが策定された。ガイドラインでは、社内調査の「実質依頼者」をステークホルダーであると位置づけ、第三者委員会に直接の公表権限を与えた。東京証券取引所や証券取引等監視委員会は、日弁連ガイドラインを推薦するコメントをし、東京証券取引所の「上場管理業務について（一般虚偽記載審査の解説）」と題するものの解説の中に「ガイドラインを参照してください」と記載されるなど、公の所轄官庁等がこの日弁連のガイドラインを推奨するようなコメントを多く出してきている。

こうした流れの中で、大規模な不祥事が発生すると、第三者委員会を設置して、その設置目的あるいは設置要綱の中に「本調査は日弁連のガイドラインに準拠して、これを行うものとする」という記載をする事例が増え、もはや社内調査に際し、日弁連ガイドラインは無視できない存在となっている。もっとも、この日弁連ガイドラインも、弁護士倫理規定との関係では解決すべき論点も多い。弁護士倫理規定19条は、弁護士は、良心に従って依頼者の正当な利益を実現するように努めなければいけないと定める。「依頼者」が会社であるとすると、会社から報酬をもらいながら会社に不利なことを書くというのは、弁護士倫理に反することになる。この点、日弁連ガイドラインは「実質的依頼者」という概念を導入してこの問題を解決したのである[5]。第三者委員会の委員たる弁護士は、たとえ会社の依

4　調査委員会では「幹部の関与なし」という報告結果が出されたのに対して、後に強制捜査が始まって捜査してみると、実際は幹部も関与していたという事例もあった。そういったこともあり、金融庁検査局あるいは証券取引等監視委員会が、弁護士主体で行う調査委員会に対して疑問をもつようになってきた。「不正会計の第三者委員会の調査がずさん」という新聞記事が出たり、あるいは金融庁検査局長がいい加減な調査である指摘を公に行ったりするなど、問題点が多数出てきたのである。

頼によって委員となり、会社から報酬を受け取るとしても、「実質的依頼者」であるステークホルダーの利益のために公正に活動するなら、会社の不利益となる報告書を作成しても良いということである。

b　第三者委員会のメンバー選定基準

調査の実施それ自体は第三者委員会に任せるとしても、第三者委員会のメンバーとして誰を選任するかは会社が自ら行わなければならない。取締役会が中心になり、そのもとで法務部やコンプライアンス関連部がこういった調査モデルの選択について検討し、メンバーの選定に直ちに入ることになる。事実認定は素人には難しい作業である。たとえば、九電やらせメール事件6では、いわゆる「支店長メモ」をどう評価すべきかについて複数の解釈が問題となって、その解釈如何で知事のやらせメールへの関与の有無について判断が分かれるとされた。詳細は割愛するが、この「支店長メモ」と呼ばれるものは第一次的な証拠ではなく、知事発言を現場で走書きにて書き取った「支

5　弁護士の守秘義務についても難しい問題をはらむ。弁護士倫理規定20条は、「弁護士は、依頼者について職務上知り得た秘密を正当な事由なく他に漏らし、又は利用してはならない」と規定する。この規定について、「依頼者」を「ステークホルダー」に統一的に読み替えて理解することはなかなか困難である。不祥事を起こした会社に関し、調査に当たった弁護士が知り得た秘密について、ステークホルダーが依頼者であるから開示しても問題ない、とは言いがたい。「依頼者」と「実質的依頼者」との使い分けは避けられない。

6　平成23年６月、玄海原子力発電所の運転再開に関し生放送された説明会実施に当たり、九州電力が関係会社の社員らに運転再開を支持するメールを投稿するよう指示していた事件。佐賀県知事の関与が問題となった。

店長手帳の走書き」が第一次的証拠として存在した。その直後の蕎麦屋での打合せの中で、知事面前での走書きを基に二次的に「支店長メモ」が作成されたとされる。この支店長メモの記載内容によれば、知事のやらせメールへの関与が認められる余地のあるものであった。一方で、この支店長メモにあっては、知事発言とともに、メモ作成者の知事発言に対する主観的な受け止め方をも混在しているとも評価することができたのである。これを解明するには、蕎麦屋において支店長がなぜ「走書きメモ」を改めて「支店長メモ」に書き起こしたのか、その動機・目的がポイントとなるであろうし、走書きメモには記載のない記述で、知事の発言とはとれない記載の有無などが問題となろう（そのような記載があれば、知事発言の補充というよりは知事発言を受けての支店長の主観ということに傾く）。

いずれにしても、このように、事実認定は難しいものである。それゆえ、事実認定が重要になるような不祥事については、調査委員の中に複数の弁護士、特に証拠の吟味に厳しい検事出身の弁護士等を入れるべきである。逆に、たとえば、事実認定が問題にならない事案、たとえば、情報漏洩やインサイダー取引といったタイプの事案については、むしろ再発防止とシステム構築に重点が置かれることから、それを念頭に置いた人選（企業統治やガバナンスに精通した学者等）を行うべきである。そのほか会計不正では、委員の中に会計士を入れることも当然必要になってくる。

(3)　各調査モデルの長所と短所

Ａタイプの長所としては、会社のことを知り尽くしている会社内部のメンバーだけで社内調査を実施するので、迅速に調査を進めることができるという点をあげることができる。しかも、組織事情に即した調査が可能となることも長所と言えよう。ただ、短所としては、客観性、独立性がないという点があげられ、調査結果如何によっては、「身内に甘い」との批判を受ける可能性がある。

これに対して、Ｃタイプの調査モデルは、調査内容が客観的で徹底されていることが長所としてあげられる。このことは、ステークホルダーの信頼回復を可能にし、会社のガバナンスの回復及び再建に寄与することにつながる。他方、短所として、第三者だけによる調査であって、しかも、基本的に会社とのコミュニケーションが遮断された中で調査を進めることから、企業文化や業界慣行に切り込めず、かつ、組織内部事情に疎いために調査に必要以上に時間を要する場合があり、迅速性に欠けることがあげられる。これがＣタイプの調査モデルの弱点である。したがって、たとえば、迅速を要する場合には、最初にＡタイプの社内調査委員会を立ち上げて迅速に調査させて、それを第三者委員会に事後的に検証させるＣ２タイプを採用するのが相応しいこともある。また、ＡタイプとＣタイプの折衷型であるＢタイプを採用することも検討に値する。

⑷　調査モデル選択における三つの視点

不祥事が発覚した場合、会社としては、既に述べた調査モデルの長所・短所を理解し、個々の企業不祥事の態様や特色に即した調査モデルを選択することが重要である。調査モデルの選択を誤ると、たとえば、「身内に甘い」といったマイナス評価がもたらされ、レピュテーション低下という二次的なリスクを招くことさえあるからである。調査モデルの選択に当たっては、特に次に述べる三つの視点から検討すべきである。

a　不祥事類型と調査モデル

調査モデルの選択に当たって、不祥事がいかなるタイプのものかという不祥事類型に着目してみる。不正会計なのか独禁法違反なのか、あるいはインサイダー取引なのか、それとも反社会的勢力に関連する不祥事なのか。不祥事のタイプに応じて、それに適する調査モデルというものが存在する。

①　一般消費者や投資家が被害者となるような大規模不祥事

一般消費者や投資家等、ステークホルダー自身が被害者となるような食品偽装不祥事、インサイダー取引、損失隠し等の不祥事にあっては、第三者委員会等、Cタイプの調査モデルが適当である。こうした類型の不祥事にあっては、会社は、消費者、投資家、債権者、行政官庁等のステークホルダーに対して説明責任を果たすことが最も重要であって、調査結果の客観性、公正性、正確性が何よりも要求されるからである。調査委員会が、様々なステークホルダーに対し、公正な立場から客観的に調査結果を伝達することで、はじめて会社の説明責任を果たすことができるのである。

② オーナー企業における不祥事

オーナー企業において、経営トップの不正関与が疑われるときにもＣタイプが適切であろう。オリンパス損失飛ばし事件のような事案がこれに当たる。純粋な社員メンバーで構成される内部調査では、経営トップに調査が行き着く前に調査自体潰され頓挫してしまうおそれがある。オリンパス損失飛ばし事件では、歴代社長は、透明性やガバナンスの意識が稀薄で、正しくとも異を唱えれば外に出される覚悟が必要であった（ウッドフォード氏の処遇を見れば明らかである）。役員間には会社私物化の意識が蔓延していたのである。また、大王製紙の不祥事も、調査モデルの選択を誤った例と言える。大王製紙は井川氏が子会社７社から巨額の借入れを不正に行ったとして告発されたが、その過程で、同社がＡタイプの調査委員会を設置したため、肝心の嫌疑対象者である井川氏のヒアリングに失敗し、嫌疑対象者から何も聞かずに調査報告書をまとめなければならなかった。このような会社トップの不祥事にあっては、調査主体の権威づけも重要であり、ヒアリング協力要請も、これを拒否し難い重みが必要である。その意味で、外部有識者からなるＣタイプの調査モデルを採用すべきであった。

③ 企業体質や企業文化が背景にある不祥事

企業体質、企業文化が背景にある不祥事類型では、Bタイプの調査モデルが有効であることが多い。不祥事の中には、その原因が当該会社の企業体質や企業文化に深く根ざしていることがある。典型的には、相撲界をめぐる一連の不祥事をあげることができるが、相撲界独特の文化・慣行、さらに、相撲協会の体質といった要素が不祥事の根本原因となっていた。自分の会社の文化、特質が潜在的に有する問題性というのは自社ではわからないものである。そこで、的確に不祥事原因を究明するためには、外部からの客観的な評価というものが必要となる。もっとも、外部の委員だけでは独特の慣行や背景に疎いために調査の効率性に問題があるので、結局、内部関係者を含めた混合型としてのBタイプを採用すべきであろう。

④　内部問題としての不祥事

会社の内部問題、たとえば、業務上横領、会計不正や、従業員の私生活上の非行などにあっては、わざわざCタイプによる必要もなく、Cタイプの調査モデルではかえって、不必要に会社内部の醜態を外部にさらすことになりかねない。AタイプないしBタイプの調査モデルによる調査で十分である。ただし、身内の犯罪といっても子会社は別である。子会社の不祥事は親会社に影響を与えるものであり、子会社だけのメンバーで調査実施者を構成すべきではなく、当然のことながら親会社のメンバー、たとえば、親会社の顧問弁護士等が委員に加わるべきである。また、仮に、親会社主体の調査委員会を設置したとしても、子会社を庇っているのではないかといった批判が常に出る余地がある。少数株主がいる場合には特にそうである。結局、親会社において、Ｃタイプの調査委員会を設置して調査に従事させるのが適当である場合が多い。

b　不祥事発覚の端緒と調査モデル

不祥事発覚の端緒に応じて調査モデルを選択することも重要である。不祥事発覚の端緒には、内部通報、財務監査、行政官庁による調査、捜査機関による強制調査、マスコミ報道等があるが、注意すべきは内部通報によって不祥事が発覚した場合である。内部通報は、不正行為者に近い者が通報することが多く、一般的には通報事実に信憑性がある。しかも大規模な不祥事発覚につながるような情報提供が内部通報によってもたらされることがある。通報者は不正行為者に近いゆえに、たとえば、不正行為者が通報者の上司である場合、調査自体が潰される危険性や、後に人事報復される危険性もある。既に触れたオリンパス内部通報訴訟で争点となった内部通報に対する人事報復としての配置転換もこうした問題の一つである。内部通報者に対して、身内の者による調査では報復が予想されるという場合には、純粋な社内メンバーでのみ調査主体が構成されるＡタイプに拠らないで、Ｂタイプあるいは事案の規模によってはＣタイプを採用すべきであって、外部専門家を参加させる配慮が必要である。

c　危機レベルと調査モデルの選択

危機レベルに見合った調査モデルの選択という視点も無視できない。行政機関あるいは捜査機関による調査ないし捜査が開始された中で会社が不祥事の存在を認識した場合、そのような高い危機レベルにおける調査モデルとしては相応しくない調査モデルを選択したことによって対外的な対応が後手に回り、当初設置した調査チームを解散して新たに別の調査委員会を設置し直すということすらある。このような二度手間の失態は、レピュテーション低下という二次的なリスクをさらに大きくし、信頼回復が遠のいてしまうことに注意すべきである。その典型的な例が、日本振興銀行の不祥事[7]に見る調査モデル選択の誤りである。日本振興銀行不祥事においては、２回にわたって調査委員会を立ち上げたものの、いずれも失敗した。これは、金融庁という行政機関による調査が既に入っていたもので、危機レベルは極めて高く、経営幹部にまで調査が及ぶ可能性があった事案であった。そこを見誤って、当初Ａタイプの社内調査で済ませようとし、外部の専門家ではない顧問弁護士が入った形で調査を開始し、結局、それでは対外的信用が得られないとして解散となって、あらためて第三者委員会的なＣタイプに類する委員会を設立せざるを得なくなり、調査が後手に回った。結局、ステークホルダーに対する説明責任を果たせないまま、強

7　商工ローン大手、SFCGに対して、買戻し契約を設定した上で債権を買い取る取引を持ちかけた出資法違反の疑いで金融庁の調査が入り、その過程で検査妨害が行われた不祥事。

制捜査となったのである。

内部で不祥事が発覚し、まだ外部にはその不祥事が知れ渡っていない場合（第一類型）と、ある日突然、マスコミや捜査機関の活動により会社が初めて不祥事を認識する場合（第二類型）とでは、会社の直面している危機レベルは大きく異なる。いまだ外部に不祥事の存在が知られていない第二類型の場合には、迅速な調査が何よりも求められるので、Ａタイプの調査モデルによって不祥事事実の早期の把握が確かに必要である。しかしながら、同時に、第二類型の場合、強制捜査や報道過熱によって社内がパニックに陥っていることが多いので、会社とステークホルダーとのコミュニケーション回路を、会社からＣタイプの調査委員会に切り替えた上で、コミュニケーション回路の再構築を図るのが事態の鎮静化という意味で有効である。加えて、捜査機関の介入を招き、マスコミ報道されるほどの重大事案であるから、ステークホルダーに対する説明責任を全うしなければならない。その意味で、Ｃタイプの調査委員会を選択するのがよい。

結局、Ａタイプの迅速性とＣタイプの厳格性・独立性を併せ吟味するなら、Ｃタイプの調査委員会の設置を早目に宣言して対外的なコミュニケーション窓口を同委員会とした上で、このＣタイプの調査委員会が現実に動き出すまでの間は、並行的にＡタイプのチームによる概要調査に専念従事させ、Ｃタイプ委員会への橋渡しを図るのが理想的である。

⑸ 社内調査のフェーズに応じた調査モデルの使分け

社内調査は、三つの過程を辿る。一つは原因の究明であり、その後に再発防止策の策定が行われ、最後に、再発防止策が履行されているか否かをモニタリングする。こうした三つのフェーズにおける社内調査はそれぞれ目的が異なるため、それぞれのフェーズに応じた委員会に活動を担わせるという考え方も成り立つのである。

たとえば、原因究明や、事実調査は徹底的に行わなければならないので、Ｃタイプの第三者委員会等で厳格・厳正に行い、原因を究明し、不正関係者の処分を行うが、その後の再発防止策の策定においては、当該会社の実態に明るくない第三者委員会にのみその役割を委ねるならば、抽象的な提言にとどまってしまい、再発防止が実効化しないおそれがある。そこで、再発防止策の策定に当たっては、第三者委員会とは別に、社内に再発防止検討委員会といった名称で、Ａタイプ的な委員会を別途設置し、この再発防止策に関して、第三者委員会による提言に従って具体化していくという工夫が必要となる。

次に、再発防止策の実効性確保を目的とするモニタリングであるが、これを純粋な社内のメンバーのみで担わせることは妥当ではない。「喉元過ぎれば」というのは企業不祥事にも当てはまるものであり、不祥事によって一旦傷ついたガバナンスを回復させるためには、最終フェーズにおけるモニタリングが重要なのである。モニタリングにおいては、外部メンバー、たとえば、専門弁護士等の専門家が参加するＢタイプの監視委員会というものを設置して客観的かつ厳正にモニタリングしていく必要がある。

このように、一連の社内調査のプロセスには三つのフェーズがあるが、それぞれのフェーズに適したモデルないし委員会を取り入れるという発想は重要である。その意味では、Ａタイプで始まった調査モデルがその後、Ｂタイプ、Ｃタイプと推移し、ＢタイプからＣタイプ、あるいは、逆にＣタイプからＢタイプに推移していく社内調査があっても良い。

(6) 調査モデルの選択のための通報者ヒアリング

既に述べたように、調査モデルを選択する際の基準としては、いかなるタイプの不祥事かという不祥事類型に着目し、また、不祥事発覚の端緒に応じて調査モデルを選択し、さらに、危機レベルに応じた調査モデルを選択する必要がある。こうした調査モデルの選択を的確に行うことができるようにするためには、当該不祥事に関する一定の情報を必要とするであろう。その情報収集を行うために、時には、初動調査としての内部通報者ヒアリングを先行して行うのが効果的である。いかなる類型の不祥事か、オーナー企業において幹部が関与している不祥事なのか、そうであれば、既に述べたＣタイプの調査モデルを採用しなければならない。また、企業文化などが関係するタイプの不祥事かどうかを内部通報者ヒアリングで確かめることも同様に重要である。さらに、内部通報によって不祥事情報がもたらされ、かつ、同通報者の上司が関与した不祥事である場合、その者らによる人事報復も懸念されることから、独立性の強いCタイプの調査モデルが適当であろう。通報に係る不正が現在も継続して行われているか否かという危機レベルに関する情報も、調査モデル選択に影響を与えるので、内部通報者から最初に聞いておくべきことである。現在進行形で継続している不祥事の場合における緊急度は極めて高い。マスコミや捜査機関に露見する可能性もあり、会社の対応策としても、Cタイプの調査モデルを選択するだけでなく、マスコミ対応を含む広報対応についても緊急に準備をしておく必要がある。

2 社内調査と証拠破壊の防止

会社で何らかの不祥事が発生したことが明らかになった場合、不祥事の性質や不祥事の発展レベル等に応じた適切な調査モデルを選択し、調査委員会ないし調査チームを迅速に立ち上げて社内調査を開始することになる。不祥事には、銀行ATMのシステムダウンなど、システムトラブルが原因である場合もあれば、特別背任、粉飾決算、食品偽装のように、役員や従業員の故意に基づく行為による場合もある。システムトラブルが原因であるなら、あくまでも機械的ないし技術的な観点から原因を究明し、保守点検のあり方も含め、システムの信頼性に関して検証を進めさえすれば調査の目的が達成されることが多い。しかし、特定の従業員、あるいは、役員の行為によって不祥事が発生した場合の原因究明は一筋縄ではいかない。なぜなら、これら不正行為者たちは、巧妙な手口で不正行為を行うだけでなく、会社に不正が発覚した際には、証拠に近い位置にいるだけに関係書類をシュレッダーにかけ、関連する電子メールを削除し、協力者には口裏合わせ・口封じを働きかけて証拠破壊を徹底して行うことが多いからである。

このような、発覚が困難な内部者による巧妙な不正行為をいかにあぶり出し、証拠破壊を防止しつつ、不祥事原因を究明していくか。これが、企業活動としての「社内調査」に課せられた最大の課題であり、また醍醐味である。

口裏合わせや関係書類の破棄を含む罪証隠滅行為は、常に円滑で正確な社内調査の障害となるもので、そのために時には不祥事の真相究明が困難となって社内調査が失敗に終わることすらある。これは、社内調査に携わる者として、最も避けたい結果である。なぜなら、不正行為者を野放しとし、会社のガバナンスも回復することができずに従業員の士気も下がり、ステークホルダーの信頼も失って会社は死に体となってしまうからである。

また、証拠破壊の防止は、会社の社内調査のためだけに必要となるものではない。将来、捜査機関による捜査が開始された場合、捜査機関にとっても関心事となる。不祥事はいかなるものであっても、将来において捜査機関による捜査対象となりうる犯罪行為であるから、そうした犯罪行為に関連する証拠を破壊することは、それ自体が証拠隠滅罪、各種偽造罪、毀棄罪等といった新たな別個の犯罪を構成する。いわば、二次的な不祥事となって、会社レピュテーションを一層低下せしめることになるのである。

そこで、このような証拠破壊を防止するための方策を考え、また、社内調査の進め方にあっても、証拠破壊の防止を念頭に置いて組み立てる必要が出てくる。既に述べた第二類型の不祥事発覚の端緒にあっては、いきなり捜査機関等外部から不祥事情報が会社にもたらされ、公のものとなることから、当初から密行的な社内調査は望めず、会社としては、むしろ、全従業員に対して、社内調査の開始の宣言と、捜査への協力、そして証拠破壊行為の禁止を呼びかけることから始まる。そのほか、捜査機関から不正行為者であるとの嫌疑を受けている者に対し、総務部等への配置転換ないし自宅待機を命じて、証拠破壊行為の防止を図ることになる。

社内調査に当たって、不正行為の嫌疑を受けている者を異動させることや自宅待機とさせることは何ら違法ではない。従業員には服務規程があり、誠実に勤務する義務が雇用契約上課されているので、社内調査の円滑な実施という会社にとって必要性がある場合には、調査協力義務の内容として配置転換や自宅待機を甘んじて受ける義務が、嫌疑ある従業員には認められるのである。

次に、第一類型と定義した不祥事発覚の端緒、即ち、内部通報や会計監査等、会社の内部的な不祥事発見装置によって会社が不正の存在を認知した場合における証拠破壊の防止はどのように図られるべきであろうか。この場合は、第二類型の場合とは異なり、会社に不正行為が発覚したことを不正行為者自身、知らないことが多いので、不正行為者に知られないように密行的に社内調査を進めていく余地があり、その必要がある。時には、不正行為を現行犯として認知することができ、不正行為者の特定が容易となるからである。具体的な進め方としては、関係者からのヒアリングといった活動より前に、電子メール等の客観的調査を先行させるべきである。「人の口に戸は立てられない」と言われているように、一旦、関係者ヒアリングが実施されたならば、厳しい緘口令にもかかわらず、聴取を受けた従業員の口を通じて社内に不正調査の存在が知れ渡り、不正行為者にも知れることとなって証拠破壊を許してしまうことになる。それゆえ、関係者ヒアリングは、電子メール調査等によって重要な客観的証拠資料がある程度収集された後に実施するのが証拠破壊防止の観点から重要であって、そのような観点から社内調査の具体的な進め方を決定すべきである。

3 調査対象事項の確定

内部通報者等の提供に係る不正情報について、現実に事件性が認められる場合には、証拠破壊の防止を図りながら、本格的な社内調査の実施へと移行していく。社内調査といっても、日常的にそのような活動に携わることのない者にとっては、最初のうちは何をどこから調査すればいいのか、見当もつかないであろう。そのような時に心がけることは、事前準備をしっかりと行うということである。調査対象事実を確定し、調査順序を決め、どのような調査手法で、どの範囲まで調査を行い、どれくらいの期間で調査を終了するかについて、計画を立てて見通しを立てることが重要である。行きあたりばったりの社内調査は、往々にして迷走し、時間ばかり費やして成果を上げ得ないことが多い。それでは、会社資源の無駄使いである。

まず、調査対象事実を確定する際は、社内調査の初動にあっては、事実関係の細部はあまり気にせずに、不祥事の大枠を把握することに集中すべきである。たとえば、不正行為を物語（ストーリー）として頭の中にイメージし、いつ、どこで、誰が何をどうしたのかという物語の基本要素について、一つひとつ整理していくのである。内部通報者から提供された原始情報をベースとして、不正行為の事実の概要について、「不正事実シート」を作成することを勧める。起訴状に書かれた公訴事実のように簡潔に整理して書き出してみるとよい。まだ調査を実施する前にあっては、未解明の事実ばかりであるので、たとえば、架空工事に基づく業務上横領事件にあっては、最初は、次のような「不正事実シート」になるであろう。「平成12年４月に入社したAは、本社経理部に異動となった同16年○○月頃から、経理課長として本社経理業務を統括する立場にあったところ、同年○○月頃から同○○年○○月頃までの約○年間の間に、前後○○回にわたり、［何らかの方法（おそらく架空工事）］により、合計約○○○万円を預かり保管中、これを自己のために費消する目的で着服横領したものである」というようなものである。まさに「丸丸だらけ」の「虫食い嫌疑事実」となる。もちろん、このような曖昧かつ不明確な事実を基にAを懲戒処分にできるはずがなく、こうして、○○を埋めるべく社内調査を開始することになる。

このような作業を社内調査の冒頭にあって一度行ってみることを勧める。これにより、調査の動機づけが強まり、調査意欲が増して、次々と調査事項が頭に浮かんでくるはずである。たとえば、この架空工事を利用した業務上横領事件にあっては、①嫌疑対象者である経理責任者のAが、いつから何回にわたって着服行為を繰り返していたのか、②工事代金として支出されたはずの会社のお金がどのように処理されたのか、③発注先の建設会社の中に架空の会社名がないか、④発注書や見積書等の証憑は揃っているはずだが、すべて真正なものか、偽証証憑は存在していないか、⑤正規の工事費として発注先に入金がなされていないとしたら、会社資金はどのような手段でどこに流れているのか、⑥嫌疑対象者がこれらの会社のお金を着服していたとしたらその者は何にそのお金を使っていたのか、⑦共犯者はいないのか、発注先とされた会社に協力者がいて、発注書、見積書等の証憑の偽造について社判を持ち出すなどして協力している事実はないか、などといった調査事項が次から次へと頭に浮かんでくる。これらをすべて紙に書き出した上、洗出しを行う。このような洗出し作業には、ブレーン・ストーミングの手法が有効である。

4 調査順序の検討

調査事項の洗出しを行った後は、それら調査事項の調査順序を決定していく。どのような基準で調査順序を決めるかと言えば、論理的に前後関係がおのずと定まるものもある。たとえば、偽造の発注書等の作成者を調査する前に発注工事が架空かどうかがまず確認されなければならない。当該発注に係る工事に関して、発注先たる建設会社に照会した結果、そのような発注事実はなく、金員の出捐もないことが明らかになった後に、あたかもかかる工事が実施され、建設工事費が発注先の会社に支払われたような体裁となっている証憑、たとえば、発注書や見積り等の取引証憑の真贋性が問題となるのである。

それぞれの調査事項間にそのような論理的前後関係がない場合には、証拠破壊の防止の観点から調査順序を決定すべきである。たとえば、架空取引を基礎づける重要証拠である偽造に係る発注書や見積書等は、嫌疑対象者の支配する場所に存在し、容易に証拠破壊が可能なので、そうした過去の取引証憑の保全を図ると同時に、偽造であることの調査を他に優先させて実施すべきである。それらの取引証憑が偽造であることが明らかになり、しかも、筆跡鑑定等によって嫌疑対象者の作成に係るものであることが明らかになれば、嫌疑対象者としてもはや言い逃れはほとんど不可能である。しかし、逆に、これらの取引証憑が証拠隠滅で破棄され、かつ、発注先とされる会社関係者と口裏合わせを行って、架空工事ではなく、真実の工事発注であるなどと工作されたならば、たちまち社内調査は壁に突き当たることになる。

5 調査手法の検討

調査対象事項を決め、調査順序を決めた後は、調査対象事項に係る事実をいかなる証拠によって確認し、真偽を明らかにすると同時に、いかなる方法でかかる証拠の保全を図るかを考えなければならない。証拠には後に詳細に述べるように、客観的証拠と供述等の主観的証拠とがある。客観的証拠には、架空工事による業務上横領事件を例にとれば、発注書、見積書、工事契約書（請負契約書）、請求書等の取引証憑があり、工事発注に関する内部的コンセンサスに関しては、稟議書や決裁書などがあるであろう。そのほか、嫌疑対象者のアリバイの有無等を確定するためには、出勤簿、休暇届、欠勤届や、役員であれば運転日報等の証拠が社内に存在するはずである。こうした客観的な証拠資料のうち、業務関連文書と言えるものについては文書提出命令により収集確保が可能で、その後、作成者の検討に際しては、取引証憑の署名等の筆跡鑑定や、嫌疑対象者等のパソコンのファイル文書の確認などによって（プリントアウト前のドラフトが保存されている）特定することが可能となる。

さらに、共犯者の有無や上司の関与に関しては、電子メール調査によって社内及び社外とのコミュニケーションを吟味して割り出すことが可能である。こうして収集した客観的証拠について、関係者のヒアリングにより意味づけを行っていって、「ストーリー」が完成するのである。ほかには、アリバイの有無の検証と、嫌疑対象者が犯人であるとしたら絶対存在しないはずの証拠がないか否か、たとえば、当該工事に関する売上金額について、帳簿上の数字が合わない理由はなぜかに関して部下に確認問合せのメールを出しているといった事実（犯人性が疑われ、部下の単独犯の可能性がある）がないか否かについても吟味し、表から、そして裏からも慎重に調査することによって、犯人性を誤らないようにすることが調査には求められるのである。

なお、付随的にではあるが、不正行為者が特定できた段階では、将来のその者に対する民事損害賠償請求訴訟の可能性に関して、その者の資産状態を調査することもあり、自宅等の不動産登記簿等にまで調査範囲が拡大することもある。

6 調査範囲の確定

調査目的と調査範囲も問題となる。調査目的が、単に問題となっている不祥事それ自体ではなく、その背景にある企業体質に踏み込まなければならない不祥事というのは当然あるが、そこまで辿る必要のない不祥事というものもたくさんある。そういった目的によって調査範囲が狭くなったり、広くなったりする。たとえば、インサイダー取引のスキャンダルについては、一般的には企業の体質や企業文化といったものに広げる必要はない。目的に応じて調査範囲は広がるため、最初に第三者委員会の設置要綱をつくるときは非常に注意を払う必要がある。

また、活動期間と活動範囲も問題である。事実究明が求められる段階や、再発防止策として検討が必要となる段階などフェーズごとに分けて、全体の中での第三者委員会の位置づけというものを要綱の中で明記しておくべきであろう。

不祥事の原因を究明していくうちに、対象とされている不祥事は、実は、嫌疑対象者のみによって行われたのではなく、その前任者も同様の不正を行っていたこと、さらに、前々任者も同様の不正を行っていたことが明らかになることがあり、結果的に約10年間にわたって当該ポジションに就いた者により、不正行為が継続的に行われ、引き継がれ、踏襲されていたことが判明することがある。たとえば、粉飾決算がその典型である。会社が利益を出し黒字にするのは並大抵の努力で達成できるものではなく、商品開発の長年の積重ねと商品コストの圧縮、人件費を含む経費節減等の地道な経営努力によって達成できるものである。ところが、粉飾決算というものは、机の上でボールペンを用いて足したり引いたりして瞬時に利益を出すものであって、これに慣れると麻薬のように病みつきになり常習的になる。経営状態が良いときには一期のみ架空経費を計上して粉飾を行うことも可能であるが、経営状態が悪いときには、もともと会社の利益があがっていないのであるから、一期だけ粉飾によって架空売上げを計上して財務諸表を取り繕っても、翌期にその穴埋めをすることは当然できず、結局、翌期も翌々期も粉飾決算せざるを得ない状況となって、何期にもわたって粉飾決算を繰り返すことになるのである。

他の例をあげるならば、近時はさすがに事例が少なくなっているが、総会屋が株主総会における議事進行を妨害遅延させ、逆に、会社側の総会屋が株主総会の進行を万歳などで迅速に進行させるなど、野党総会屋や与党総会屋の活動が活発であった時期があった。いずれの総会屋の目的も、会社から資金提供を受け、寄生虫のように会社と共生することを目的としているのであったが、会社が総会屋等の反社会的勢力の影響力を利用して、これに利益を供与し、与党総会屋として株主総会を仕切らせ、紛糾や会社スキャンダルの封じ込みを図るといった悪習がかつてはいくつかの大手企業において存在していたのである。この総会屋の担当は、多くは会社の総務部であって、代々の総務部長がその職務の引継ぎとして、総会屋との交際を引き継いでいたのである。このような事案にあっても、一旦、不祥事として調査を開始するならば、その原因究明のためには、10年以上も前の実情にまで調査範囲を広げなければならなくなる。

こうした調査範囲の拡大に関しては、不祥事の根本原因が企業体質や企業文化にある場合、やむを得ないこともあるが、莫大なコストがかかり、費用対効果の面で問題がある上、再発防止策の策定の先送りによって会社経営も本格始動できない、あるいは、調査対象となっている従業員等の身分も不安定な状態が続くなど、様々な面でやはり問題がある。

そこで、調査範囲を予め特定しておくことが現実的であり、重要である。特定する際の基準は、損害賠償の消滅時効期間や刑事公訴時効などを参考にして範囲を絞り、特定すべきである。

7 調査期間の見通し

調査対象事項や調査方法が特定され、調査範囲も絞られてくると、調査期間もおおむね見通しがつく。調査期間は、長くても１カ月間程度で終了すべきであり、これを超えると会社の経営上も望ましくなく、世論対策上も好ましくない。複雑な事案にあっても、大規模な人員を投入して集中的に調査を実施し、１カ月間で調査結果を顕出すべきである。また、この中間にあっても、中間報告書のようなものを提出するのが望ましい。

そして、調査期間の見通しを立てる際には、不祥事発覚の端緒が第二類型である場合には、記者会見の開催予定との兼ね合いで決定していく必要がある（第10章3「公表のタイミングと段階的公表」参照）。

第5章

客観的証拠資料の収集手法

1 社内にある証拠資料の収集方法

(1) 会社所有物の証拠資料の収集について

会社犯罪にあっては、ほとんどの証拠は社内に存在する。業務関連文書、会計帳簿、電子メール等の客観的証拠資料のほか、関係従業員や役員からのヒアリングなどによって不正の全容解明が可能である。中でも電子メール調査は、今日では社内調査の調査手段のうち最も効果的な調査手法である。他方で、従業員の電子メールなどの客観的証拠を収集する際には、常に従業員のプライバシー侵害の問題と背中合わせとなる。効果的で決定的な証拠獲得という社内調査を実施する側に求められる要請と、社内調査をされる側のプライバシーへの配慮という要請は、時には抜き差しならない緊張関係をもたらす。こうした利益対立をはらむ電子メール等の調査に際して、いかなる点に注意をすればよいかという問題は、社内調査に携わる者の高い関心の的であるに違いない。

会社が所有管理している資産、資料については、従業員が保有しているものであっても、これを回収して調査することは当然許される。たとえば、パソコン、サーバー、キャビネット内、机の引出し内の業務関係資料、倉庫内のファイルなどを回収して調査することは問題ない。ただし、パソコン、サーバーを調査する際、電子メールの内容に踏み込んで調査するときには注意を要する。電子メールの送受信時刻や発信先、送受信回数といった客観的事項に関してはそこにプライバシーを観念できないので問題ないが、電子メールの内容に関しては、送受信者間のコミュニケーションそのものであって、そこにプライバシーに関する内容が含まれていることがあるからである。そこで、そのような内容に踏み込んだ電子メール調査というものが、結局、プライバシーを侵害することになるではないかが問題となる。

このことは、たとえ従業員が会社所有のパソコンを使用し、会社によって与えられたメールアドレスを使用して送受信された電子メールであっても、同様に問題となりうる。二者間のコミュニケーションに係るプライバシーという主観的な期待は、パソコンの所有権者が誰であるかや、メールアドレスの性質・利用目的とは無関係に保護の対象となりうるのである。会社所有のパソコンで、かつ、会社が付与したメールアドレスで送受信した電子メールには、その内容がいかなるものであってもプライバシーはない、という乱暴な議論は成り立たない。もっとも、就業規則等の社内規定の中で、「会社から提供されているパソコンや電子メールは業務に必要な範囲で使用しなければならず、私用目的で利用することを一切禁止する。また、必要に応じて、回収し調査することがある」などといった電子メールの使用を一切禁止する旨の規定や調査対象となり得る旨の規定が存在する場合には、そのような規定があるにもかかわらず、私用メールの送受信を行ったことは、プライバシー権の放棄と構成できるのでプライバシー侵害の問題は起こらない。問題はそのような私用メールの全面禁止規定等が存在しない場合である。私用メール全面禁止規定等が存在しない場合であっても、従業員は誠実に職務に従事する義務が雇用契約上の義務として認められるので、会社業務に専従しないで１日のうち、多数回、長時間にわたって大量の私用メールを利用することは許されない。これは、プライバシーの限界論としてではなく、雇用契約上の権利義務の問題としてそのような結論が導かれるのである（本書22頁参照）。また、パソコンが私用のものではなく、会社提供のものであれば、会社の財産を私用目的に使ってはならないという一般論を導くことも可能である。もっとも、いずれの考え方にしても、私用メールについて、１日のうち何通くらいまでなら許されるのか、明確な基準を設けることはできないので、根本的な解決にはならない。そうであるからこそ、就業規則等の会社規定の中で電子メールを私用目的で利用することの全面的な禁止規定等を置くべきなのである。これに加えて、会社は、ただ単に建前上私用メールを禁止しているのであって、常識の範囲内では私用メールを黙認しているとの解釈の余地をなくすためには、定期的な「事前告知」といった周知活動も必要である。たとえば、「会社が従業員に貸与したパソコン及び電子メールは、その使用状況に関して会社が日常的に監視し、常に読まれていると考えてください。また、必要に応じて回収・調査することもあります」などといった事前警告を定期的に全員発信メールで従業員に周知させることで、従業員のプライバシーに対する期待をなくすような方策が必要である。

このような私的使用禁止規定等の盛込みと定期的な事前告知の徹底によって、従業員は、電子メールにはプライバシー保護がないことを日常的に理解し、仮に、それでもなお、プライベートな内容を電子メールを用いて送受信した場合には、それはもはやプライバシーを放棄していると擬制することができる。

なお、ここで注意すべきことは、プライバシーを放棄するなら無制限に私用メールを送受信してよいということにはならないということである。パソコンや電子メールアドレスは会社貸与のものであって、会社の業務以外にこれらの会社財産を使用することは貸与の趣旨に反する。何よりも、勤務時間中に私用メールの利用をすることは雇用契約上の誠実に職務に従事するとの義務に反することであって、許されない。

(2) 社内調査としての電子メール調査の範囲

ところで、電子メール調査に関する以上のような理解は、不祥事予防活動の章において、事前モニタリングとしての電子メール監視について述べたところと軸を一にする。事件性を前提とする社内調査の一環としての電子メール調査においても、事前モニタリングにおいて述べた要件を充たす電子メールについて、これを社内調査の資料とすることができる。しかし、社内調査としての電子メール調査にあっては、これに加えてより広い範囲で電子メール調査を行うことが許される点、注意すべきである。即ち、事前モニタリングとしての電子メール調査にあっては、それが特定の不正の存在を前提としないがゆえに、事前の告知によるプライバシーの期待の解消のほか、公平性、つまり、全従業員に対して公平に監視すべきで、特定の者をターゲットとした継続的な電子メール監視は違法の問題が生じうることに触れた。これとは対照的に、ここで扱う、いわば、事後モニタリングとしての電子メール調査にあっては、具体的な不正が発生し、その嫌疑が存在した場合に、社内調査の一環として行われるものであるから、公平性という配慮は不要であり、嫌疑者や関係者等の特定の者を対象とした選択的な調査も許される。また、これらの者に対して、電子メールを調査する旨を改めて事前告知することも不要である。事前告知することによって、罪証隠滅が図られ、調査妨害が行われる蓋然性が高いので当然のことである。

この事後モニタリングとしての電子メール調査を扱った判例が日経クイック情報事件（東京地判平14．2．26労働判例825号50頁）である。同事件では、社内において電子メールのなりすまし利用によって誹謗中傷メールを繰り返し送信したという企業秩序違反行為に関する事例において、既発生の社内不正に関する社内調査の一環として電子メール解析が行われた。その結果、ログ情報などの解析結果から特定の社員が「犯人」であると合理的に疑われる状況となり、会社は当該社員を電子メールの不正利用を理由に譴責処分としたが、本人は否認し、会社が自分の私用メールをモニタリングしたのはプライバシー違反だとして訴訟を提起した。裁判所は、当該社員が誹謗中傷メールを送信したと合理的に疑われると認定して、この電子メールモニタリングを合法としたのである。この事例では会社が当該社員に電子メールを閲覧する旨の事前告知をしなかった。しかも、公平性を無視して特定の従業員を調査の対象とした。それにもかかわらず、当該電子メール閲覧が合法とされた。それは、特定の不正の存在、特定の嫌疑者の存在を前提に行われる事後モニタリングとしての電子メール調査の特殊性に配慮したからにほかならない。

(3) デジタル・フォレンジック調査の活用

平成18年、東京地検特捜部がライブドアを摘発した、いわゆるライブドア事件では、六本木ヒルズで大規模な捜索が行われ、パソコン等に保存されていた膨大な電子メールが主要な捜査対象となった。その捜査の過程でわかったことは、大量の電子メールが削除されていたことであった。これに対し、東京地検特捜部は、デジタル・フォレンジック技術を用いて、削除された電子メールの大半を復元したと言われている。

このような、犯罪行為に関するコミュニケーション記録を隠蔽する目的で電子メールが削除される場合に限らず、電子メール送受信それ自体が犯罪行為の手段である場合、たとえば、情報漏洩事件にあっては、犯行手口は巧妙であり、データの改変、消去等の証拠破壊活動を伴うのが通常である。特に、企業秘密の情報漏洩事件では、漏洩した事実が発覚しないうちに漏洩情報を不正利用して企業間競争に勝つことが目的であるから、犯人にとっては、単に漏洩させることだけが目的ではなく、漏洩したことが発覚しないことにも大きな意味があり、発覚を防ぐための工作が巧妙に施されていることが多い。このような犯罪類型にあっては、特殊な技術をもって、改変、消去されたデータを復元することが不祥事の解明に必要不可欠となる。そこで、注目されているのがデジタル・フォレンジック調査である。改変、消去されたデータの復元には、高度な技術を要し、これを素人が行えばかえって原始情報までも改変されたとの疑いを生じるなど、デジタル情報そのものの証拠価値を棄損してしまう可能性がある。そこで、専門会社の専門家に依頼して慎重に検証すべきである。

(4) 不正行為としての私用電子メールと懲戒処分

電子メール調査を通じて、不正解明にかかわる重要事実が発覚することがあるが、私用メールが判明した場合、就業規則等で私用メールを全面的に禁止する会社にあっては、そうした私用メールそれ自体が不正活動となる。問題は、そのような私用メールのみを理由に懲戒処分を科すことができるかである。

私用メールのみを理由に当該従業員を解雇した事例を扱った判例はいくつもある。しかし、いずれの場合も個々の事情を勘案してその解雇が有効か無効かを判断している。

K工業技術専門学校事件（福岡高判平17.9.14判例タイムズ1223号188頁）は、教職員が勤務時間の内外を問わず、業務上パソコンとメールを用いてインターネット上の出会い系サイトに投稿していたという事例で、そうした行為の教職員にあるまじき破廉恥さと相まって、懲戒解雇を有効とした。グレイワールドワイド事件（東京地判平15. 9 .22労働判例870号83頁）は、就業時間中に私用メールを行ったことを理由に解雇されたことが争われた事案で、裁判所は、就業規則等で私用メール禁止の明確な定めがなく、かつ、１日当り２通程度と、職務遂行の支障にもならなかったとして、懲戒解雇を無効とした。日経クイック情報事件は既に述べたように、私用メールに関して譴責処分とした会社の判断を有効とした。全国建設工事業国民健康保険組合北海道東支部事件（札幌地判平17. 5 .26判例タイムズ1221号271頁）は、団体職員が当該団体の備品であるパソコンを使用して私用メールを職員間で行っていたことを理由に懲戒解雇とした処分の有効性が問題となった事例で、物品の私用を禁じた職員服務規程違反とはなるが、当時、パソコンの取扱規則等が定められていなかったことを理由に、懲戒処分は重きに失するとしてこれが無効とされた。

以上のような判例の傾向をみると、私用メールのみを理由に懲戒解雇することは重すぎるという判断がある一方で、勤務時間中の大量送信や電子メールの破廉恥目的の利用といった個々の事情によっては懲戒解雇もやむを得ないとされる場合があることに注目すべきである。

(5) 電子メール以外の客観的証拠資料の収集

事件性を前提とする社内調査のツールとしては、電子メール調査のほか、文書提出命令、ビデオカメラ録画録音、所持品検査、DNAや指紋等の鑑識活動など、事前モニタリングとしての監視活動において説明したツールを社内調査のツールとしても利用することができる。その際、特定の嫌疑対象者に対してこれらの調査ツールを利用する場合には、事件性を前提としない監視として利用する場合に必要であった「事前告知」の要件も「公平性」の要件も不要である。特定の嫌疑対象のみをターゲットにしたビデオカメラ監視も許され、その際、当該嫌疑対象者に対し、事前にビデオカメラで録画する旨の告知をする必要がない。そのような告知をすれば罪証湮滅行為等を行うおそれがあるからである。

ところで、不正行為が現に継続しているケースにあっては、不正行為者の特定に際し、ビデオカメラによる録画録音は大いに効果を発揮する。筆者が経験した案件に、次のような事例があった。ある支店店舗に防犯ビデオカメラが設置されていたが、それは来客者や店内の様子だけではなく、従業員の稼働状況をも録画射程に含まれるものであった。財務監査の結果、この店舗で従業員の中の誰かが店内に複数あるコンピューターのうち、特定のコンピューターを用いて、毎日、不正操作を行って売上げを誤魔化し、毎日、着服していた疑いがもたれた。しかも、既に会社が当該不祥事を把握していることが不正行為者自身には知られていない状況にあった。このような場合、社内調査担当者としては、普段は作動していないビデオカメラを作動させ、監視を続けるべきであって、そうすれば、犯行時刻に犯行に使用されたコンピューターを操作していた者が誰であったかが間違いなく判明していたケースであった。ところが、この会社では、不注意にも当該店舗に社内調査が入る旨の連絡を支店長に入れ、支店長を通じて全従業員に告知された。その結果、その当日から不正操作はぴたりとなくなり、ビデオ監視にも失敗したのである。社内調査情報の管理に失敗し、ビデオカメラ監視の有効性に対する理解も不十分であった。

⑹　会社所有物以外の証拠資料の収集について

不祥事の証拠はそのほとんどが社内にあることは間違いないが、社内にある証拠には会社の財産としての所有物のほかに役員や従業員の個人の所有物も多く存在する。たとえば、個人的な手帳、携帯電話などである。会社が提供する業務日誌であれば問題ないが、従業員の個人的な手帳の場合、プライベートな事項が多く含まれているといえ、会社がこのような手帳についてたとえ社内調査の必要があっても提出を命令することはできない。また、従業員個人の携帯電話の通話記録等も同様に調査の対象にはできない。捜査機関による捜査の場合にはこうした物についても犯罪が行われた会社内に存在する場合、押収の対象になりうるが、そこが社内調査の限界である。もし、この問題をクリアしたければ、業務日誌、スケジュール手帳、携帯電話など、業務に必要なものはすべて会社支給とするのがよい。

2 社外にある証拠資料の収集方法

(1) 社外にある証拠資料の収集の困難性

企業不祥事にあっては、自社のみならず、外部の関係者や会社が絡んでいる不祥事もある。むしろ自社の社内調査のみで完結する不祥事は稀であろう。たとえば、伝統的には贈収賄や総会屋不祥事、架空増資、株価操縦、株価の損失補填、そして近年では循環取引、インサイダー取引、カルテルなどをあげることができる。こうした外部関係者や他社が関与している企業不祥事にあっては、自社内の証拠収集だけでは真相解明には至らず、不正行為者や共犯者特定が困難な場合がある。そこで、社外にある証拠の収集が必要となる。捜査機関であれば、捜査関係事項等照会書一つで簡単に銀行捜査等の証拠収集ができる上、非協力的な関係者に対しては、捜索差押令状の発付を受けて強制的に証拠を収集することができる。民間企業にそのような権能はなく、社外に存在する証拠の収集は困難を極める。

取引先の会社もしくはその従業員等が関与していると思われる場合、当該会社に対して事実関係の照会を文書で行うことも考えられよう。しかし、現実問題として、そのような照会文書の送付は、取引先会社によって、不正の疑いをかけられていると受け止められかねず、せっかく築き上げたビジネス・リレーションズを失うリスクもある。こうしたリスクを避けるためには、いきなり照会文書を送付するのではなく、最初は面談という形で可能な限りの情報収集に努めることが肝要である。しかも、そのような事実確認は社内調査の最終局面で実施することとし、不正の嫌疑が十分高まった時点で行うべきであって、拙速な対応を慎むべきである。以上のような直接的な事実確認の方法によらなくても、社外にある証拠資料の収集方法にはいくつかあるので紹介する。実際、身近な情報からかなり多くの情報を収集できるのであり、そうした証拠収集の要領を知っておくと社内調査がスムーズに進む。

(2) 名刺から何がわかるか

企業不祥事の中には、実体のない会社との架空取引による詐欺、業務上横領、背任等の犯罪がある。かかる不正の調査の一環として、架空取引であること、取引先会社が実体のないペーパーカンパニーであること等の証拠の収集が必要となる。そのために有効な資料として、名刺、各種登記簿、インターネット情報等がある。

ビジネスに携わっていると数えきれないくらいの名刺の取交しがある。実は、この名刺にはその者の多くの情報が盛り込まれている。名刺には、会社名・所在地が書いてある。社長自らが来るときには代表者の名前も書いてある。この名刺１枚で、多くの情報を集めることができるのである。たとえば、会社名及び所在地がわかれば誰でも商業登記簿を取り寄せることが可能になる。所在地がわかれば、その所在地の土地の所有者あるいはビルの所有者が誰なのかを調べ、不動産登記簿も誰でも入手できる。あるいは、所在地がわかれば、実際に地図を見て、それが商業地なのか、住宅街なのかもわかる。通常、住宅街の中に会社はないので、もし住宅街が会社所在地として表示されているなら怪しむべきであろう。商業地、繁華街も同様である。実際に現地訪問することも重要で、郵便受けにその会社の名前があるのかどうかを確認する必要がある。

また、名刺に書いてある電話番号に電話しても通じなかったり、すぐに転送されたり、何回呼び出し音が鳴っても出なかったりするというのも正常な会社であるか疑問が生じる。所在地と電話番号に全然関連性がない場合、即ち東京23区内なのに電話番号が「03」でない場合は疑うべきである。

(3) 商業登記簿、不動産登記簿から何がわかるか

a　商業登記簿からわかること

商業登記簿が取得できた場合には、登記簿の記載から取締役や監査役、代表取締役の名前がわかる。他方、商業登記簿が取得できないこともあり、その場合には、相手方の法人は実体がないことが判明する。仮に商業登記簿が取得できたとしても、商号変更や本店移転が頻繁に行われている場合には、会社乗っ取りや、休眠会社を買収したといった疑いが出てくる。主要事業の変更も怪しい。実質的な経営主体が変更している可能性が

あるからである。

商業登記簿によって、代表者の名称だけでなく、主要事業の変更といった社歴を見ることで、登記簿上の代表者以外に実質支配する者がいるかどうかということを見極めることができる。さらに役員の改姓・改名がなされていた場合にも注意すべきである。短期間で大幅な増資を行うなど、資本政策が目まぐるしい場合には、株価操縦とか、実質経営者の変更等の疑いがある。

こういった社歴をさらに詳細に調べたいときには、履歴事項全部証明書だけではなくて、閉鎖事項全部証明書や閉鎖登記簿謄本を入手すれば、そのような会社の沿革を調べることが可能となる。

b　不動産登記簿からわかること

不動産登記簿からは、会社所有地の不動産の所有者がわかる。会社所在地の不動産の所有者に不審な者がいる場合には、影のオーナーの可能性がある。また、会社や代表者が不動産を所有しており、個人名や市中金融名義での担保設定がなされている場合には、違法金融業者、いわゆる、闇金の可能性があり、交友関係を疑う必要がある。あるいは会社所有不動産の債権者、前所有者についても、所有者が転々としているというのは、転々と変遷していること自体が疑わしい証拠になりうる。あるいは差押えであっても本登記ではなくて仮登記があるというのは、よほど急いで財産を押えたことが推測され、何らかの財政事情について心配するような事情がうかがわれる。

このように、登記簿取得によってわかる事項は大変多いのである。

(4) インターネットによる情報収集

風評チェックに際しては、インターネット検索が効果を発揮する。取引先の会社名と担当者の名前を入れると瞬時にいろいろな情報がインターネットから入手できる。時には、前科が判明することもある。事件報道がブログ等で紹介されると半永久的に情報がアップされたままになっている。日経テレコン等の新聞情報あるいは政治団体名簿といったものがあり、これらもすべて公開されており、右翼団体代表者名などが記載されている場合がある。警察とは別に、全国暴力追放運動推進センターがあり、ここに照会をかけることも有効な場合が多い。

(5) 職務上照会及び弁護士会照会

弁護士に依頼して、職務上照会ないし弁護士法23条に基づく弁護士照会制度を用いることが考えられる。弁護士は、所定の弁護士会配布の用紙に、相手方の住所あるいは住民票、戸籍を入手したい旨を市役所に提出した場合には、戸籍や住民票を取得することができる。また、弁護士法23条に基づく弁護士照会では、案件の事案の概要や、この案件の事案を解決するための情報の必要性、不可欠性を記載して、所属する弁護士会に申し出て、弁護士会の了承を得たときに、弁護士会名で金融機関や特定の会社あるいは個人に対して照会が行われる。電話会社に対して相手方の電話番号を調査する場合や、氏名・住所・請求書送付先といった情報、銀行口座情報等を照会することができる。ただし、犯歴照会についてはプライバシーの保護の要請が非常に高いため、警察、検察庁はその照会には応じていない。

(6) 調査機関の活用

それ以外には、専門の調査会社を利用することが考えられる。もっとも、調査会社の中には違法な活動をする会社もあり、注意すべきである。不祥事解明のための調査にコンプライアンス違反があってはならない。調査する側もコンプライアンス違反をしてはいけないということを肝に銘ずべきである。

第6章

ヒアリングの種類と手法

1 ヒアリング総論

⑴ 「証拠の王」としての自白を獲得するためのヒアリング

社内調査が成功するか否かは、どれだけ関連情報を入手できるかにかかっており、「情報」こそが社内調査の生命線である。こうした情報は、既に検討してきた客観的な証拠資料、たとえば、電子メール、PC、社内文書、ビジネス手帳などの証拠資料によって大量に入手することができるが、最後はこれらの証拠資料のもつ意味に関して、当該書類作成者等の関係者に「説明」してもらわなければ真相を解明することはできない。また、企業不祥事は、社内で敢行されることが多いので、上司、同僚、部下など社内の人間が関連情報を見聞きしていることが多く、不正行為者の特定に結びつく重要な情報を知っていることがある。こうした客観的資料の説明や関係者が見聞きした情報を求める手続こそがヒアリング活動なのである。

ヒアリングを実施するに当たって注意すべきことは、ヒアリング対象者の人権を侵害するような不適切なヒアリングをしないということであるが、一方で、最終的に、不正行為者の「自白」を獲得することが最大の関心事である。というのも、自白が得られなかった場合、嫌疑対象者の犯人性を示している証拠資料（関係者供述を含む）の信用性自体に疑いが生じ、嫌疑対象者に懲戒処分を科すこともできないこととなって、ガバナンスを回復できずに社内調査が失敗に終わってしまうからである。仮に、客観的な証拠資料によって、否認している嫌疑対象者の懲戒処分をなし得たとしても、嫌疑対象者の自白がなければ、犯行手口や犯行動機は未解明のままとなってしまい、再発防止策を確立できない。刑事手続において、「自白は証拠の王」と言われるが、社内調査においては、ある意味、それ以上に「自白は証拠の王」なのである。

(2) ヒアリングの目的と性格

ヒアリングの目的は、既に発生した不祥事の概要、不正行為者に関する情報などについて、関係者から関連情報を聞き出し、入手済みの社内業務文書等の客観的資料との整合性を吟味しつつ、不正行為者を特定し、同時に、不祥事の原因を究明することである。社内調査の手段としては、最も直接的で効果的なツールと言えよう。特に、不祥事の全容解明のためにも、適正な懲戒処分権の行使のためにも、そして、効果的な再発防止策の策定のためにも、不正行為者からの自白獲得は重要である。自白はヒアリングによってしか獲得できないことを想起し、自白獲得に向けた精巧な調査手順の組立てが求められ、綿密な準備が必要となる。

人から話を聞くという活動には様々なものがある。その中で、ヒアリングは、たとえば、アンケート調査における質問とはまったく異なった性格を有する。アンケート調査にあっては、予め用意した一定の質問について多数の対象者から回答を得ることができ、回答を定量化できることから意見集約に有用であるが、真相解明には無力である。アンケート調査では、質問を自由に変えることができず、質問対象者の回答に柔軟に対応できないからである。ヒアリングはこれを可能とする。

しかし、ヒアリングは、同じく回答に柔軟に対応できるインタビューとも性格を異にする。インタビューにあっては、もともと話し手が「話したい」という前提があり、対象者がインタビュー事項に興味・関心を抱いている場合に成功するが、ヒアリングにあっては、あまり話したくはない対象者に対し、話したくない事項を確認する作業である。話したくないことをいかに話させるかという点で、ヒアリングには特別なノウハウが求められる。

ヒアリングは、そういう意味で、捜査機関による「取調べ」と似た活動である。社内調査におけるヒアリングも、捜査機関による取調べも、真相究明という点で目的は同じであるが、国家機関が一般市民に対して実施する取調べと、社員が同じ社員に対して実施するヒアリングとは実施環境におのずと違いがある。捜査機関による取調べは、「逮捕・勾留」という身柄拘束下で実施できるが、社内調査にあって、たとえば会社やホテルに何日も缶詰め状態で対象者をヒアリングすることは許されない。その意味で、社内調査におけるヒアリングは、逮捕・勾留といった強制手段を用いえない点で、捜査機関の取調べよりも高度のテクニックを要するとも言える。

(3) ヒアリングの三つの種類とそれぞれの目的

社内調査は、一定のプロセスに従って計画的に進めていくものである。内部通報が端緒となる場合には、まず、通報者の訴えに係る具体的事実が、果たして不祥事と言えるか否かを検討しなければならない。事件性があるかという確認であり、同時に、事件性があるとされた場合には、いかなる調査モデルによって社内調査を進めるかに関して、必要となる情報を内部通報者から聞き取ることになる。

次に、社内調査実施者において、調査対象事項と調査順序を決定し、まずは客観的証拠資料の収集を先行させ、業務文書の収集、電子メールのモニタリング等を実施することになる。こうして広汎に不祥事関連情報を収集した後で、関係者に対するヒアリングを集中的に実施することになる。関係者に対するヒアリングを実施する中で、さらに不祥事に関連した証拠資料の存在が明らかになることがあるので、そのような証拠資料の収集も並行的に進めていき、最後に、それまでの社内調査の集大成としての成果のすべてを不正嫌疑対象者のヒアリングにおいて結実させる。

このように、社内調査のプロセスの中で、①内部通報者に対するヒアリング、②関係者に対するヒアリング、③嫌疑対象者に対するヒアリングが実施され、それぞれの目的も異なることがわかる。内部通報者に対するヒアリングでは、不正の懸念の存否を吟味し、関係者ヒアリングでは不正行為者特定や不祥事原因に関するあらゆる情報を広汎に収集することを目的とし、嫌疑対象者ヒアリングにあっては、不正行為の自白を求め、動機や犯行手口の解明によって再発防止の基礎資料を収集することに狙いがある。

(4) ヒアリング調査に関する三つの原則

a 通報者保護の原則

ヒアリングに際しては、内部通報者の保護が重要である。内部通報を端緒に社内調査が始まる場合、社内で「告発者探し」が始まることを回避しなければならない。告発者探しによって、内部通報者がいわば「村八分」になれば、内部通報をする者はいなくなる。内部通報制度が企業不祥事を発見する非常に有効なシステムであるにもかかわらず、ヒアリングのやり方がまずければ、通報者保護が図れなくなり、内部通報システム自体、機能しなくなってしまう。こうした事態を避けるためには、関係者及び嫌疑対象者に対するヒアリングにあって、内部通報者の氏名はもちろんのこと、その者が誰かが認識できるような周辺情報を含めて秘匿することが絶対の条件である。

b 密行調査の原則

ヒアリング調査が、社内の誰もが気づくような形で表立って実施された場合、不祥事があったに違いないという噂はあっという間に社内に広がり、調査対象者は誰か、共犯者がいるかなど、疑心暗鬼や相互不信が生じ、関係者の協力を得られなくなる。そればかりか、調査を察知した不正行為者による証拠破壊も懸念される。強制手段が可能な捜査機関による捜査とは異なり、あくまでも関係者の積極的な協力のもとに行われる社内調査にあっては、社内調査の遂行を困難にするような事態は可能な限り避けなければならない。そのためには、ヒアリングを密行的に進めることが重要である。たとえば、「仮装調査」や「ダミー調査」といったテクニックも有効である。「仮装調査」とは、たとえば、特定の業務上横領の社内調査であることを秘匿して、定期的な監査のためのヒアリングを装うといった手法であり、「ダミー調査」とは、不祥事が発生した部署のみを調査対象にすると、当該部署に注目が集まり、不正行為者が察知して証拠破壊行為に出ることがあることから、ダミーとして、まったく無関係な部署も調査対象に加える手法をいう。このような手法を通じて、ヒアリングの密行性を確保していくことが重要である。

c　集中調査の原則

社内調査の手法には、電子メール調査、PC解析、業務文書の検討など様々な手法があるが、こうした手法にあっては、関係者に気づかれることなく、秘密裡に実施することが可能である。それゆえ、こうした調査にあっては短期間に集中的に実施する必要性は相対的に低い。しかし、既に述べたように、ヒアリングを実施すれば、「人の口に戸は立てらない」と言われるように、瞬く間に社内調査が実施されているとの情報が社内に広まり、関係者の口裏合わせや証拠破壊のリスクが高まる。そこで、ヒアリングは可能な限り短期間のうちに集中的に実施すべきである。

2 ヒアリング技法総論

(1) 「オープン質問法」と「一問一答法」

ヒアリングの巧拙は、その者のセンスと経験によって大きく左右されるものであり、筆者も8年間にわたる検察官としての取調べ経験やその後の弁護士としてのヒアリング経験から得るものが大きい。しかし、一方で、ヒアリングの経験がなくても、最低限のレベルを保つためのテクニックや技法に関するコツというものが確かにあり、ここではそのようなヒアリングの技法やノウハウについて解説したい。

ヒアリング手法には、「オープン質問法」と「一問一答法」がある。オープン質問法とは、話す内容に関して細かい条件設定を与えないで、当該不正に関して、とにかく知っていることをすべて話してください、というオープンな姿勢で質問する手法である。可能な限り多くの情報収集が求められる社内調査の初動の段階では、かかるオープン質問法が採られる。たとえば、内部通報者に対するヒアリング、特に内部通報者が不正行為の被害者である場合や関係者に対するヒアリングでは、オープン質問法でできるだけ正確で多くの情報を収集することを心がけるべきである。また、嫌疑対象者に対するヒアリングにあっても、この者が不正行為を最初から認める場合には、オープン質問法によって、犯行動機や犯行手口について自由に語らせ、多くの情報を収集すべきであって、それが後の再犯防止策の策定に当たって有意義である。

これに対して、否認する嫌疑対象者に対するヒアリングは、情報収集のために行われるものではなく、自白をとることが目的である。それゆえ、オープン質問法ではなく、一問一答により、相手の矛盾をついていくようなヒアリング手法が効果的である。要するに、内部通報者や関係者に対するヒアリングにおいて、オープン質問法により十分な情報を収集し、事実関係を明らかにした上で、嫌疑対象者ヒアリングに臨み、そうした豊富な情報を基にした一問一答法により、嫌疑対象者を追及し、事実を解明していくのである。こうして否認していた嫌疑対象者が自白した場合には、ヒアリング手法もオープン質問法に切り換えて、犯行動機や犯行手口などについて自由に語らせ、再発防止のための参考情報を収集することになる。

(2) オープン質問法によるヒアリングの注意点

ところで、オープン質問法でヒアリングを行う際の注意点として、次のようなことが一般的にあげられる。

a 話の腰を折らないこと

オープン質問法にあっては、質問者は、話し手に自由に話させるものであるから、あくまでも聞き役に徹することが重要である。話し手がオープンな質問に対して話している途中で、質問者としてもさらに質問したいことがいくつか出てくるものであるが、それらの質問はとりあえずメモにしておき、とにかく相手に最後まで話させるのである。相手は、自分の記憶に従って過去の事実関係について思い出しながら話すもので、その途中で聞き役が質問等で話の腰を折ってしまうと、話し手の記憶も断絶させられ、重要な過去の出来事を思い出せなくなったり、話そうと思ったことを忘れたりすることがままある。そのようなことを避けるために、話し手に自由に話させ、その話の腰を折らないで辛抱強く聞くことが求められる。

b　矢継ぎ早に質問しないこと

これも、同じ理由であるが、話し手が記憶に基づいて話そうとしているとき、矢継ぎ早にたたみかけるように質問されると、話し手もその記憶を落ち着いて喚起することができなくなり、結局、少ない情報しか入手できない。また、矢継ぎ早の質問は、話し手にストレスを感じさせるもので、早くヒアリングを終わらせたいという気持ちが先に立って、表面的な答えしかしなくなるのである。

c　否定形を用いないこと

多くの情報を得るためには、質問者にも忍耐が必要である。話し手が記憶に基づいて多くの情報を提供し、それを質問者も書き取っていくと、まだ話し手が話し足りないのに、質問者自身が先走って満足してしまい、話を区切ろうとして、「今お話ししたこと以外は知らないのですか」などという否定形を用いた質問をしがちである。このような聞き方をすると、話し手も質問につられて「知らないです」と答えてしまう。否定形の質問に対しては、心理上、それに同調する答えが導き出されやすいのである。否定形を使わず、「ほかにはどういうことを知っていますか」というように、肯定文での聞き方をすると、さらに話し手もより多くの情報を提供してくれるものである。

d　質問自体に正解が示唆されているものは避ける

　質問者にも事前情報として不祥事の概要に関してある程度の情報が既に知らされていることがある。特に、ヒアリングに携わる者が少なく、一人で複数の関係者からヒアリングを実施していると、多くの情報が一人の質問者に集まってしまい、それがオープン質問法の障害になってしまう危険性がある。たとえば、「それを上司に話したのに、上司は何も動いてくれなかったんですか」と質問をしたとする。こうした質問は、実は、質問自体に期待されている答えが隠されている。質問者は、既に上司やその関係者からもヒアリングを実施ずみであって、上司が事態収拾に動かなかったという情報を既に獲得している場合に、そのような回答を示唆する質問を投げかけがちである。話し手は、このような質問をされれば、質問者が「はい」という答えを期待しているものと受け取り、同調心理が働いて、「はい」と答えてしまうものである。しかし、そこが落とし穴である。話し手は、上司が役員に図るなどして事態収拾に動こうとしたが、役員が動かなかったために上司も見て見ぬふりをしたという、より細かい事実関係を知っていたが、そこまで話をする必要がない、あるいは、それは質問者も既に情報として知っていると勝手に判断して、「はい」とだけ答えて終わっている可能性もあるのである。質問者は、仮に多くの情報をもっていても、常に何も知らないという姿勢でヒアリングにあたらなければならない。

e　キーセリフを獲得する

キーセリフとは、当事者が過去の出来事として経験して知っていなければ絶対に出てこないようなセリフである。たとえば、セクハラの事例であれば、内部通報者であると同時に被害者でもある者に対するヒアリングにおいて、その者が単に「課長にホテルに誘われた」と話した場合よりも、「(セクハラ嫌疑者が) 自分の妻が藤沢の実家に帰っているのでホテルに行こうと誘われた」と話した場合のほうが、その話により強い信憑性を感じるものである。このように、実際にセクハラの被害に遭った者しか話せないようなキーとなるセリフを引き出すことが重要である。そして、このようなキーセリフは、既に述べたような、話の腰を折らない、矢継ぎ早に質問しない、否定形を用いない、答えを示唆する質問はしないという丁寧なヒアリングの中からはじめて出てくるセリフであって、質問者は、忍耐強く、そのようなキーセリフが出てくるまで聞き役に徹することが肝要である。

以上のような注意点に配慮しながら、オープン質問法によって内部通報者や関係者に自由に語らせることができれば、不正に関する豊富な情報を入手することができ、不正行為者の特定や原因究明に資する。

3 通報者ヒアリングの目的と手法

(1) 内部通報者に対するヒアリングの目的

内部通報者に対するヒアリングは、被害者ヒアリングとともに、社内調査のプロセスの中で最初に行われる活動である。その目的は、これまで述べてきたとおりであり、事件性を判断するために、通報事実が信憑性のあるものか否かを明らかにし、社内調査を開始すべきか否か、開始するとして、いかなる調査モデルを採用し、調査規模をどの程度のものにするかを見極めることにあり、重要な活動である。そのほか、調査モデルの選択のため、あるいは、被害発生が現に継続中か否かを確認するためにも内部通報者ヒアリングが必要である。さらに、不正行為に関する情報をできるだけ多く収集するという目的も当然有する。

ここでは特に、被害継続の有無を明らかにする意義及び手法を説明したい。

(2) 通報事実が現在も進行中の不正か否かの確認

内部通報者に対するヒアリングに際して、確認しなければならない重要事項は、通報に係る不正が現在も継続して行われているか否かである。というのは、過去の不正である場合と現在進行形で継続中の不正である場合とで、対応の仕方がまったく異なるからである。当然のことながら、現在進行形で継続している不正の場合における緊急度は極めて高い。いつマスコミや捜査機関に不正が露見し、企業の社会的評価が一気に崩れてもおかしくない、極めて高いリスクが存在する。そのため、対応策としても、事実関係の調査のみならず、マスコミ対応を含む広報対応や記者会見リスクについても緊急に準備をしていく必要がある。また、現在進行形で継続中の不正の場合には、社内調査にとっては、過去の不正の場合よりも有利な証拠獲得手段があることも確かである。ビデオカメラによる調査の際にも述べたが、被害が現在進行形で継続している場合には現行犯で不正行為者を特定することも可能である。たとえば、従業員が定期的に金庫から現金を盗んでいて、現在もそのような不正を継続しているという場合、監視カメラによるモニタリングによって現行犯的な証拠を獲得することが可能である。

このように、不正が過去のものか現在も引き続き行われているものかについて、早い段階で見極めることは重要であり、内部通報者に対するヒアリングにあっても、この点の確認を怠ってはならない。内部通報者が不正行為の被害者である場合、たとえば、セクシャル・ハラスメントの被害者である場合には、現に被害が継続中であるか否かは被害者自身知っており、明白である。それでは、内部通報者が被害者でない場合に、いかにして被害継続性の有無を確認すべきか。その一つの手法としては、情報伝達のルートをさかのぼっていくことである。不正行為者Ｘによりセクシャル・ハラスメントを受けていた被害者Ｙが、友人Ａに相談し、そのＡがさらに同僚Ｂに対応を相談するなどした後に、Bが内部通報することがある。この場合には、内部通報者Bのヒアリングを実施するときに、情報伝達のルート、即ち、誰から通報事実を聞いたかをさかのぼり、その情報伝達をした者の中で現に継続的にXからセクシャル・ハラスメントを受けている者がいないかを調べていくことになる。現にセクシャル・ハラスメントを受けている被害者に辿り着きさえすれば、その者の協力を得て、Xとの会話を録音させるなどして不正行為の決定的な証拠を確保することが可能となるのである。

(3) 内部通報者ヒアリングの手法について

内部通報者ヒアリングの手法は、既に述べたオープン質問法によることとなる。多くの事実を広く収集するには最適の質問法である。もっとも、関係者ヒアリングも並行実施するようになると、特定事項について供述者間の供述内容の整合性を確認したい場合が出てくる。その場合には一問一答法を採ることがあるであろう。

4 関係者ヒアリングの目的と手法

(1) 関係者に対するヒアリングの目的

内部通報者に対するヒアリングの主たる目的は、通報事実が不祥事と言えるか否かを明らかにし、不祥事と言えるとして、社内調査の調査モデルとしていかなるモデルを採用するのが妥当かに関し、先行調査することであった。

これに対し、関係者に対するヒアリングでは、不祥事に関連した情報をできるだけ多く収集し、後に実施される嫌疑対象者に対するヒアリングに際してその者を追及するために有益な情報を収集することが目的となる。

(2) 関係者ヒアリングにおける証拠破壊のリスクの軽減

関係者ヒアリングを実施する際、証拠破壊行為の防止に留意する必要がある。内部通報者→関係者→嫌疑対象者といったステップでヒアリングは進んでいくが、それは不正行為者に近づいていく過程でもある。関係者の中には、嫌疑対象者ではないものの、不正行為を直接知っている者、不正行為者と通じている者、何らかの形で幇助的に不正に関与している者が含まれている場合がある。それゆえ、関係者ヒアリングの順序や手法を間違えると、せっかくそれまでに積み上げた調査の成果を無にしてしまう結果となりかねない。このようなリスクを最小限にする手法こそが関係者ヒアリングで求められているのである。

そのために、関係者ヒアリングの対象者リストの作成とヒアリング順序を含めたヒアリング計画を策定する必要がある。

(3) 関係者ヒアリングの対象者の確定

関係者ヒアリングにおける「関係者」とは、当該不祥事に関連する情報を有すると思料される者で、問題となっている不正行為を行った者以外の者をいう。関係者ヒアリングではそのような者がヒアリングの対象者となる。ここで、重要なことは、場当たり的に関係者を呼び出して直ちにヒアリングを実施してはならないということである。最初に、関係者ヒアリングの対象候補者のリストをつくり、ヒアリング計画を慎重に策定する必要がある。

いかにして関係者リストをつくっていくか。まず、社内調査の最初に話を聞く内部通報者や不正行為の被害者から原始情報を得る必要がある。たとえば、ある事実について内部通報者あるいは被害者からヒアリングをする際に、「あなたのほかに誰かその事実について知っている人はいないか、たとえば、部長も知らないのか、その下の係長はどうか」ということを聴取し、内部通報者の他に誰が同じような情報を共有しているのかについて情報を集める。このようにして確定した関係者ヒアリングの第一次候補者の他に、そのような者が作成した社内文書や社内メール等の分析を行って、当該社内文書、特に稟議書の決裁印やメールの内容から、さらにそうした第一次候補者と情報を共有している関係者を割り出していき、関係者ヒアリングの対象者を広げていく。それと同時に、候補者リストを更新していくのである。

このような作業によって、関係者ヒアリングの対象者はどんどん広がっていき、たとえば、不祥事が長期間にわたって行われているような場合には、退職した人、OBに対してもヒアリングを実施する必要が生じることもある。

(4) 関係者ヒアリングの順序と注意点

次に、リストアップされた関係者のうち、誰からヒアリングを実施し始め、どのような順序で実施するかというヒアリング計画を策定する。どこまでを関係者として確定するかについては、企業不祥事が組織的に行われる性質を有することと、不正は、会社の事業継続と同様、ゴーイング・コンサーンで代々引き継がれていくという性質に着目する必要がある。そこで、「横」と「縦」を意識しなければならない。「横」とは引継ぎ、「縦」とはラインのことをいう。

図表１で説明しよう。

図表１中のＰ課長が不正行為を働いたとの嫌疑で社内調査が開始されたとする。嫌疑対象者たるＰ課長から最初に事情を聞いてはならない。ヒアリングを実施する順番がとても重要である。「縦」の関係で言うと、上からは聞くのでなく「下から聞

図表１　引継ぎ時系列とライン

	2012年６月	2012年９月	2012年11月
取締役	A取締役		B取締役
部　長	C部長	D部長	
課　長	O課長	P課長（不正行為者）	
係　長	Q係長		R係長
課　員	X	Y	

く」、そして、「横」の関係で言うと「現在から聞く」ということが原則である。上から聞いてはいけない理由は、ある担当者が嫌疑者であるとすると、その上司も関与している可能性があり、最初に当該上司からヒアリングを実施すると、当該上司によって事件がつぶされてしまう可能性や、部下の者に対し、働きかけ、口裏合わせなどの罪証湮滅工作が行われる可能性があるからである。図表１で言うと、Ｐ課長だけでなくＤ部長が関与している可能性があり、場合によっては、さらに上位のＢ取締役が関与している可能性もある。このような場合は、Ｄ部長やＢ取締役といった上からヒアリングを実施すると、即座に下の者、Ｐ課長やＱ係長、Ｒ係長に対して、何らかの圧力がかけられ、働きかけがなされて調査自体が効を奏さなくなるおそれがある。したがって、下から、つまり、Ｑ係長やＲ係長に対して最初にヒアリングを実施することになる。Ｐ課長によって圧力をかけられる前に下の者からヒアリングを実施するのである。

そして、下から聞く場合にも「横」を意識しなければならない。まず現在から聞かなければならないのである。その理由は、社内調査を始めた場合に最初に見極めなければならないこととして、その不正行為が現在進行形で続いているかどうかということにあるからである。現在進行形で不正が行われているならば、それは会社にとって緊急事態であり、被害は継続していることを意味し、二次被害、三次被害が発生する危険性もある。また、いつマスコミ等を通じて社会に露見するかわからない。不正行為が現在進行形で進んでいるか、それとも過去の不正行為なのかによって、調査モデルの変更を余儀なくされる場合もあり、この点を明らかにする必要があるのである。

不正行為が現在進行形であれば、以前に在籍していた人に事情を聞いてもあまり意味がなく、なるべく現在に近い人、図表１の例で言うとＲ係長に対してまずヒアリングを実施する。その結果、Ｒ係長が不正に関与していない、ないし不正の事実を知らないことが明らかになった場合に、次にＱ係長に対してヒアリングを実施する。さらに嫌疑対象者たるＰ課長に「不正の引継ぎ」を行ったと思料されるＯ課長からも事情を聞く。その次の段階で初めて、上の立場の者、Ｄ部長、Ｃ部長に対してヒアリングを実施することになる。こうしたヒアリングの実施順序が重要である。

⑸ 「証拠資料とセットで」の重要性

このようにして、組織の下位から上位、現在から過去と様々な関係者から事情を聞くのであるが、そのヒアリング中で話される内容に関連した証拠資料が存在しないかを確認することも重要である。関係者ヒアリングにおいて、そのような内容を示す社内文書がないか、メールはないかなどと関係者に尋ね、「そういえば稟議に回された決裁書類にも記載されていました」「会議資料、議事録の中にあったと思います」といった回答を得た場合には、すかさず、「申し訳ないですけど、それを今度もってきていただけませんか」というように関係資料の提出を依頼するのである。

そうした証拠資料を入手したならば、次にかかる証拠資料を作成した者を関係者リストに加えてヒアリングを実施し、より正確で詳細な事実関係を解明していく。たとえば、稟議書であれば、その上部に押されている決裁印を基に、どの取締役がかかわっているのかが明らかになり、不正行為のラインも明らかになる。

関係者ヒアリングを実施する段階では、既に多くの客観的証拠が収集されていなければならないが、関係者ヒアリングを実施している段階にあっても、並行的に、関係する客観的証拠資料を適宜収集していく姿勢が重要である。

(6) 関係者ヒアリングの具体的手法 ——「オープン質問法」

関係者に対するヒアリングでは、なるべく多くの情報を収集することが目的であるから、オープン質問法を採用し、知っていることを何でも話させ、その際には話の腰を折らない、矢継ぎ早に質問しない、否定形を用いないなど、オープン質問法における注意点に十分留意しながら多くの情報を収集し、さらには前述のキーセリフを獲得するよう努める必要がある。

ただし、関係者ヒアリングが、第一次候補者から第二次候補者、第三次候補者と進むに従って、ヒアリング対象事項もピンポイントになっていくことがあり、オープン質問法が必ずしも効率的であるとは言えない場合がある。たとえば、Ｐ課長が反社会的勢力に対してリベートを支払ったという嫌疑で社内調査が実施されているとして、第一次候補者から、Ｐ課長が経理担当者に特定の名目で現金支出を指示していたのを見たことがあると証言した場合、第二次候補者の当該経理担当者に対する関係者ヒアリングにあっては、「事件について何か知らないか」といったオープン質問法よりは、「Ｐ課長から依頼された経理処理で何か不審な点がなかったか」といった、より特定した質問の方がむしろ効率がよい場合があることを付言しておきたい。

(7) 関係者ヒアリングの実務

実務的な細かい事項についていくつか指摘しておく。ヒアリング実施場所であるが、社内会議室を利用するにしても、目立たない場所がよく、窓にもブラインドを下ろすなどプライバシーに対する配慮が重要である。着席位置であるが、コの字型にテーブルを並べ、ヒアリング対象者を多数の調査者で取り囲むような形式はヒアリングが威圧的になるので避けるべきであり、対象者をリラックスさせるという意味では、ソファに座りながらのヒアリングも検討の余地がある。いずれにしても、糾問・弾劾されているような心理的圧迫をヒアリング対象者に与えるべきではない。調査者が１名である場合、後に、言った、言わないといった水掛け論になることもあり、逆訴訟リスクにおける自己防衛の意味でも１名での聴取は避けるべきで、２、３名程度がよく、逆に、５、６名は多すぎる。

また、ヒアリングを始める際には調査に協力してくれたことに対する礼から始め、簡単にヒアリングの趣旨説明を行うと協力を得やすい。何も趣旨説明もせずに、ヒアリング対象者が「どうして私を呼んだのですか」と不安がって質問してきたときに、「そんなことはいいので、私の質問に答えてください」などと高飛車な姿勢で臨むならば、それだけでそのヒアリングは失敗である。やはり、簡単な趣旨説明は必要で、「今、社内で、ある不正行為の社内調査を実施しているのですが、あなたが何らかの情報を得ていないか、あくまでも参考までにお尋ねするだけです。決して、あなたを不正行為者と疑っているわけではありません」といった趣旨説明を丁寧に行い、相手から不安を取り除き、リラックスさせる必要がある。

もちろん、趣旨説明といっても、不正行為の詳細を説明したり、内部通報者や嫌疑対象者を特定したりするような趣旨説明は絶対に避けるべきである。既に述べたように、関係者ヒアリングは、不正行為者に近づいていくプロセスにあるもので、証拠破壊の防止に努めなければならないからである。また、特に注意すべきことは、調査の端緒、つまり、誰からどのような内部通報がもたらされたかといった事項の説明は絶対にしてはならない。内部通報者の秘匿には十分注意を払うべきである。

ヒアリングの時間にも十分留意すべきである。聴取事項にもよるが、60分、長くても90分程度にとどめる。3時間といった長時間にわたってしまうような場合には途中に休憩を入れるべきである。また、当該ヒアリング対象者について、今後も事情聴取が必要となりそうな場合には、次回の協力を丁寧な言葉ながらも確約をとりつけるようにしたい。そして、ヒアリングの最後に、再び調査に協力してもらうことについての礼を述べて、ヒアリングを終えるという運びとなる。

5 嫌疑対象者ヒアリングの目的と手法

(1) 嫌疑対象者ヒアリングの目的

嫌疑対象者に対するヒアリングの目的は、総論で述べたように、何といっても「自白」を獲得することにある。自白を得ることが重要な理由は、懲戒処分を科す場合、関係者供述等だけでは証拠が不十分な場合が多く、自白によって初めてこれらの周辺証拠資料の信用性が確認できるという点に存する。さらに重要なことは、嫌疑対象者の自白により不正の具体的手口が明らかになり、不祥事の真相解明がなされ、再発防止策を具体的に講じることを可能にするという点をあげることができる。いくら関係者からの情報が豊富に集まっていても、本人でなければ知り得ない犯行手口や犯行動機は自白によらなければ完全に明らかにされない。嫌疑対象者に懲戒処分を科すことだけが目的であれば、否認していても他の証拠だけで懲戒処分を科すことは決して不可能ではないが、具体的な犯行手口や動機が解明されなければ、不祥事の再発防止策を確立することは困難である。

このように会社のガバナンスを回復させるために「証拠の王」たる嫌疑対象者の自白を得ることがヒアリングの重要な目的となるのである。

(2) 嫌疑対象者ヒアリングの事前準備と不正事実シートの作成

嫌疑対象者に対するヒアリングを成功させる、つまり、自白に導くためには、事前に周到な準備が必要である。電子メールや関連業務文書等の収集や関係者の証言を集約して不祥事の概要を把握し、事前に、嫌疑対象者の不正行為の日時、態様、役割などを見極めておくのである。その際には、第4章「社内調査の準備」で提唱したように、社内調査の開始の時点で、「不正事実シート」を作成してみることである。たとえば、「○×は、○×番地に本店を置くX社の事業推進部を統括する部長であるところ、平成○○年○月頃から同○○年×月頃までの間、前後○○回にわたり、××に対して、○○をし、もって、X社に○○億円の損害を与えたものである」といった不正事実を起案してみるのである。当初は、事実関係がまったくわからず、空欄ばかりであった不正事実シートも、社内調査が内部通報者ヒアリング、客観的証拠資料の収集、関係者ヒアリングの収集と進むにつれて全容解明が進み、そのつど、解明した事項について空欄を埋めていくなら、残りの調査事項も把握することができ、社内調査を効率よく進めることができる。

嫌疑対象者に対するヒアリングの前には、既に空欄がすべて埋まり、「勝負あり」といった程度にまで嫌疑事実が明らかになっているのが理想的である。それらの嫌疑事実の一つひとつに対してどのような証拠が存在するかを正確に把握し、それぞれの証拠の証明力の強さ弱さについての分析も終えていなければならない。

こうして、周到に準備を整えた上で、調査者が自分なりに時系列をつくり、それを頭に叩き込んで実際のヒアリングに臨むのである。また、相手からの予想反論を考え、それに対する「反対尋問」を予め想定しておくとよい。

(3) 嫌疑者ヒアリングの質問法と自白の証拠化

嫌疑対象者に対するヒアリング手法に関しては、オープン質問法と一問一答法の両方を採用し、状況によって使い分けるのがよい。嫌疑対象者が最初のうちに自白した場合には、オープン質問法により犯行の詳細を自由に語らせる。当初否認しても自白に転じた場合には、やはりオープン質問法に切り替えて詳細に犯行手口を聴取する。これが真相の解明、再発防止策の構築につながるのである。これに対して、否認を貫く場合には、一問一答法に即座に切り替えて、追及することになる。

ところで、自白した場合には、それだけで喜んでいてはいけない。稀に真犯人（上司など）をかばうために虚偽の自白をすることもあるからである。そこで、自白内容が関係証拠や関係者供述と整合するかどうかを慎重に確認してその信用性を吟味する必要がある。こうして、自白が信用できるとされた場合、嫌疑対象者に対して、自書により自認書を作成させる必要がある。この場合、全文自書が望ましい。ヒアリングを行った者が作成したものに対して当初は、「間違いありません」と認めていて、後になって否認に転じて「そんなものは書いていない」「作文だ」などと弁解される場合も少なくない。それゆえ、自認書の作成に際しては、調査者は席を外すなどの配慮も有効である。これは、後に裁判等になったような場合に、「調査担当者が言ったことをそのまま書いたにすぎない」などと弁解して自認書の信用性が争われることがあるからである。このような弁解を封じるその他の方法としては、自認書に動機を入れることが重要である。不正を行った者の個人的な動機を他人が「作文」することはなかなかできないからである。最後に署名押印がされているかどうかを確認し、これで貴重な自白が証拠化されることになる。

なお、当初否認していたところ、後に自白に転じた場合には、何故否認していたのか、何故自白する気になったのかについて自認書の中にそれぞれ理由を盛り込むと、一層信用性が増す。

(4) ヒアリングにおける「秘密録音」の可否について

社内調査の過程で自白した嫌疑対象者が、後の裁判等で否認に転じて「自白」の信用性が争われる場合を想定し、ヒアリングに際して、嫌疑対象者に告知することなくして会話を録音することが許されるであろうか。この点、会話の当事者双方の了承を得ずに行われる「盗聴」は違法である。関連法令としても、有線電気通信法、電気通信事業法、電波法等に触れる。しかし、会話の一方当事者である調査担当者が了解の上で嫌疑対象者に知られずに行う「秘密録音」については、これを違法とする法律はなく、原理的にも違法ではない。調査活動としてのヒアリングにあっては、ヒアリング対象者のＡは、ヒアリング担当者Ｂに話した内容が「Ｂさん限りの秘密にしてくれる」などといった期待は有していないものである。当然、Ｂが社内調査に従事している上司にヒアリング内容を報告するであろうし、報告書も作成して上司の決裁を得るであろうことをＡも理解している。つまり、話者は、対話者との関係では会話の内容を相手方の支配に委ねて、秘密性ないしプライバシーを放棄していると言える。また、他人と会話する以上は相手方に対する信頼の誤算による危険は、話者が負担すべきである。したがって、相手方の同意のない秘密録音は、違法とは言えず、判例も最高裁も含めて原則合法と解している（ただし、こうした判例自体が存在することから明らかなとおり、訴訟リスクがあることは否定しにくい）。

もっとも、秘密録音によって得られた会話内容を無関係な第三者に漏洩することは許されない。ヒアリング対象者も「無関係な外部の人間も会話内容を聞くであろう」とまでは思っておらず、「無関係な外部の者に対しては開示しないであろう」との期待は合理的で保護に値するからである。それゆえ、仮にヒアリング調査において「秘密録音」を実施する場合にも、その保管管理には十分な注意が必要である。

(5) 否認を貫く嫌疑対象者に対するヒアリング手法

多くの関係者から十分に供述を得、客観的証拠を揃えて準備万端といった状態で嫌疑対象者ヒアリングに臨んでも、どうしても自白を得られず、全面否認にあうこともある。そのような嫌疑対象者にはどのようにヒアリングを行えば良いか。

ポイントは、否認の対象者には多くを語らせる、ということである。嘘をついている場合には、語らせれば語らせるほど嘘を重ねていくものである。最初に、オープン質問法により、否認する嫌疑対象者に好きなように弁解を多く語らせる。その時何をしていたのか、誰と会ったのか、何時に帰社したのか、どのような理由、誰の指示で業務文書を作成したのか、といった様々な確認事項について最初から追及スタンスで聞くのではなく、最初は自由に語らせるのである。嘘であるから自己の体験していない事実を延々と語ることになる。人間の記憶プロセスとして、自己の経験していないことはストーリーとして一瞬イメージすることができたとしても、生身の体験ではないので記憶に定着することなく、すぐに忘れてしまう。そこで、詳細に嫌疑対象者に語らせ、メモをとった後、数日してもう一度同じ質問をして、語らせるのである。「もう一度前回の話を聞かせて欲しい」というように再度の説明を求めるのである。すると、必ず重要部分で当初話した内容と不一致点が出てくる。前回その場しのぎで嘘を言ったために、どのような嘘を言ったか忘れてしまうのである。次に、そのように供述が変遷した理由について一問一答法により追及していく。そうすれば、観念するのも時間の問題である。一問一答法では、相手に考える隙を与えず矢継早に質問をする。そうするとさらなる作り話を考え出す暇がなくなり、致命的な嘘や白々しい嘘を言ってしまい、恥ずかしくてそれ以上虚偽供述を続けることができなくなる。

以上のような手段を用いても、嫌疑対象者が嘘の供述を変えない場合には、一問一答形式での回答内容を証拠化するしかない。嘘を証拠化するのである。こうした不自然な嘘の弁解を証拠化することによって、懲戒処分者の判断を容易にし、その処分に正当性を与えることになるのである。また、後に訴訟となったとしても、およそ合理的とは言えない弁解が裁判官によって信用できるとされることはなく、敗訴リスクも低減する。

(6) 司法取引類似のテクニックによる自白獲得の許容性について

ところで、経営者トップが関与する不祥事にあって、当該経営トップ関与者が不祥事関与を否認し、そのために責任を認めている配下の者だけの処分で終わってしまうような事態は避けるべきである。いわゆる、「トカゲのしっぽ切り」で事案解明を中途半端に終わらせては、社内調査の目的を達成することができず、ステークホルダーの信頼回復も遠のき、従業員のモラルハザードを招くに至る。処分を受ける配下の従業員も自らに下される処分内容に不公平感を抱くであろう。しかし、他方で、自身の関与を認めている配下の従業員にあっても、自己の関与や責任は認めるが、指示を出した経営トップの関与については縦の組織社会で生きてきた者として正直に言い出せない、という実情も確かに見られるところである。このようなデッドロックの状態を打開し、経営トップの責任を問うだけの証拠資料や供述を得るためには、「司法取引」類似の責任減免制度を導入することも一考に値する。ただし、このような責任減免制度は、刑事上民事上の責任を減免するものではなく、あくまでも社内処分としての懲戒処分に当たって考慮されるにすぎないという限界は存する。しかし、停職期間が何カ月になるか、減給が何カ月になるか、退職金が支給されるか否かは従業員にとって切実であり、効果は期待できる。

問題は、このような責任減免制度を導入すると、同種事例における処罰の公平性において不均衡が生じることである。同じような不正をしたのに、ある者は懲戒処分となり、別の者は諭旨退職となるというアンバランスは、懲戒処分の公平性や公正さを欠くのではないかという議論である。しかし、会社としては、不祥事の原因究明と会社経営トップの責任追及という要請は極めて高く、そのような会社の利益の前には、懲戒処分の公平性の要請を一歩後退させてもあながち不合理とは言えまい。換言すれば、そのような制度を導入すること自体、経営判断ルールの問題であって、そこに合理性と相当性が認められれば導入することができるのである。ただし、責任減免制度自体が就業規則等の会社規則に規定が存在していて、その要件と効果が予め定められていることは必須であろう。

なお、司法取引類似の社内リーニエンシーといった責任減免制度を導入するのは、上記のような否認している経営トップの不祥事への関与証言を獲得する必要性の高い共犯事件に限るべきであり、単独犯事件には適用すべきではないとの見解も存する。しかしながら、単独犯事件にあっても、たとえば、航空機事故、列車事故、原発事故等の大規模な事故で、原因究明が将来の類似事故を防止する上で不可欠である場合には、否認している行為者本人に対し、責任減免制度を適切に運用して自白を迫り、事故状況や事故原因に結びつく重要な事実関係について正直に供述させる必要性が高い。かかる大規模事故事案にあっては、関係者の処罰も重要だが、何よりも再発防止に力点が置かれることから、関係者の供述を得るための工夫として、司法取引類似の手法も必要である。

以上のように、自白獲得のために司法取引類似のヒアリング手法は有効である。ただし、このような手法を用いるのは例外的な場合でなければならない。原則的には、やはり説得による自白獲得であって、安易に“取引”に頼ってはならない。

第7章

捜査機関等への対応

1 不正発覚の端緒に関する二つの類型とリスク

企業不祥事の発覚の端緒には二つの類型があることは既に説明した。第一の類型というのは、内部的な契機によって不祥事が発覚するケースであり、内部通報、財務監査などによって会社内部で表面化する場合である。これに対して、第二の類型は、外部的な契機によって不祥事が会社に発覚するものである。たとえば、東京地検特捜部による捜査あるいは金融庁等の監督官庁による調査、あるいは民事訴訟やマスメディア、そういったものによって、会社不正が発覚する場合である。

会社の内部通報や会計監査等によって不正が発覚した場合のように、捜査機関やマスコミ等の外部に知られる以前に会社内部で不正が発覚した場合には、予測されるリスクを見据えながら、ある程度余裕をもって計画的に社内調査を進めることができる。会社の自浄能力をいかんなく発揮し、不正行為者を特定の上、懲戒処分とし、不正の原因を解明し、対外的に的確に公表することで、会社レピュテーションに対する毀損を最小限にとどめることができる。

一方で、告発や捜査情報の提供といった手段によって、会社不正情報がいきなり外部にもたらされ、会社が知らぬ間に捜査機関等が内偵捜査を進めてしまうことがある。ある日、突然、捜査機関から会社に連絡が入り、関係者に対する出頭要請が行われる。あるいは、会社に対する捜索や関係者の逮捕といった強制捜査の着手によってはじめて、会社が当該不正情報に接することがある。このような場合、会社は間違いなく深刻な危機的な状況に陥る。会社は何の容疑で捜査されているのかわからず、不正嫌疑者に事情を聞こうとしても、既に逮捕されて手の届かないところにいる。しかも、最悪のシナリオとして、会社役員等、会社幹部がその不正にかかわっていたにもかかわらず、そうした事実を把握していない会社が、その者に社内調査の指揮をとらせ、広報責任者として不祥事に関する対外的コメントを担わせてしまうという失態を演じてしまう。強制捜査に着手した後であれば、情報収集力は捜査ターゲットになっている会社よりもマスコミのほうが上である。マスコミが既に会社役員が不祥事に関与しているという情報を入手しているにもかかわらず、何も知らない会社がその役員を記者会見に立ち会わせ、記者の集中砲火を受けるということがあるのである。

この章では、このような失態を招くことを回避し、会社レピュテーションの致命的低下を防ぐためのリスクマネジメントについて考える。

2 窓口の一本化と捜査幹部との面会

捜査機関により、関係者の一斉呼出しが始まり、数週間にわたって任意の事情聴取が行われることが見込まれる場合、会社としてまず初めに行うべきことは、窓口の一本化である。捜査機関からの事務連絡をすべて代表電話で受けていては営業上も秘密保持上も好ましくない。これは捜査機関にとっても同じことである。そこで、会社と捜査機関とのコミュニケーション窓口を、たとえば、法務部長や総務部長等の直通電話に一本化する必要がある。こうした窓口の一本化の要請は、捜査機関内部組織について知識のある顧問弁護士を通じて、警視庁や検察庁等に電話連絡を入れ、主任捜査官（警察では課長、課長代理クラス、検察庁では主任検事）と面会アポイントをとることから始める。おそらくこの機会が、数少ない主任捜査官との面会の一つになることから、この機会を特に大切にすべきであり、会社として捜査に全面的に協力することを約束するとともに、今後の捜査方針等についてできるだけ情報収集すべきである。この際に、末端の捜査員と面会するのでは何ら情報は得られず、杓子定規的な短時間の面会で終わってしまう。そこで、常務取締役、場合によっては代表取締役が顧問弁護士とともに面会に出向き、捜査幹部との面会を求めるべきである。役員と顧問弁護士が面会に出向くならば、捜査機関にあっても、儀礼上、副部長、主任検事等が応対することになるはずである。捜査機関としても守秘の徹底を要請するなど、会社幹部との面会に積極的なことがある。

このような環境で捜査幹部と面会となるわけであるが、名刺交換から始まる面会では、大局的な話題として、会社が捜査に全面的に協力するという宣言をすること、事務的には、連絡窓口を一本化することを伝え、捜査機関側からも、特に、捜査情報の外部、特にマスコミへの漏洩はしないことといった注意事項が会社に伝えられる。この秘密保持は、捜査を円滑に進める上で重要なことであるが、会社にとってもメリットが大きい。特に、捜査機関に対して、全面的に捜査に協力する旨を宣言しておけば、秘密保持の必要という理由で、役員等の事情聴取の場所に関して、マスコミの目につく検察庁等ではなく、都内のホテルや法務省関連施設とし、秘密裏に実施してもらえることがあり、また、休日を事情聴取の日にしてもらう、といった融通が利くのである。

もっとも、捜査機関が容疑として抱いている事実関係に疑問がある場合、捜査に全面的に協力するのではなく、むしろ対決姿勢で臨むべきではないかとの意見もあろう。しかし、この段階で捜査機関にチャレンジするのはリスクが大きすぎる。なぜなら、第二類型の端緒により不祥事情報を入手した会社としては、捜査機関がターゲットとしている不正行為について、これを完全に否定できるほど、情報を収集していないからである。曖昧な情報によって捜査機関と対決することは避けるべきである。捜査機関は組織で動いており、特に、大企業が絡む社会的影響の大きい事件では捜査機関の組織トップがGOサインを出して強制捜査に着手している。そのような組織的な捜査の動きを、対決姿勢といったパフォーマンスによって、たとえば、嫌疑不十分による不起訴といった形で封じ込むのは困難である。

捜査機関による強制捜査の着手がなされた以上、もはや白黒は裁判に持ち越されたのである。それゆえに、この段階の会社の対応としては、将来対決する場合に備えて情報収集に専念することである。ターゲットとされた会社としては、捜査段階においては、捜査機関に対し、表現は悪いが「恭順の意」を示し、実をとるのが賢明である。もっとも、将来の決戦の場である刑事裁判を見据えた対策としては、情報収集以外にも必要であり、捜査段階にあって、取調べの適正化・可視化、証拠の違法収集の抑止といった防御活動は徹底して行うべきである。そうした防御に関する戦略や指導は、顧問弁護士が民事や企業法務専門の弁護士である場合には、これにかえて、検察官経験を有する刑事弁護士を用いるのが一般的には効果的である。

3 証拠破壊の防止

　捜査幹部との面会を受けて、会社に戻って最初に行うことは、証拠破壊防止に係る全社的な通達の実施である。代表取締役自らの名において、証拠破壊の防止について全社に一斉に文書を配布、ないし、通達を発出する。たとえば、「昨日、今回の一斉捜索を受けて東京地方検察庁幹部と協議した際、会社として、本件について捜査に全面的に協力することを伝え、一切の証拠破壊や罪証湮滅行為は行わないことを伝達済みです。ついては、本件について関連業務文書や関連電子メール等の破棄や隠匿はもちろんのこと、移動をも禁じるので、各部署においてこの点徹底されるようにお願い申し上げます」といった文書を発出して証拠破壊の防止についての周知徹底を図る必要がある。証拠破壊や口裏合わせといった罪証湮滅行為は、それが捜査機関に発覚した場合、逮捕者の増加をもたらす。実は、捜査機関にとっては、捜査対象会社が罪証湮滅行為を行うことは、ある意味、捜査に有利に働く場合がある。罪証湮滅行為は、そうした行為をすること自体、有罪意識の表れである。無罪である、何かの間違いであると主観的に思っている者は証拠を隠したり、証拠を破壊したりしない。逆に、悪いことをしたと認識している者は罪を免れるために罪証湮滅行為を行うのである。企業犯罪のような組織的な犯罪の場合、不正の実行行為者と、それに指示を出した者、あるいは黙認した者といった関与者が多数にのぼるが、関与者のうち、どの者までが故意を有するかを確定する作業は容易なことではない。しかし、会社の幹部自らが罪証湮滅行為を指示している場合には、その者に嫌疑が向けられている犯罪の故意があることが明確であることが多い。しかも、罪証隠滅行為は、すぐに発覚するものである。捜査の手法としても、まずは罪証湮滅行為の有無を確かめることから始めることが多い。たとえば、犯罪の証拠となる重要な書類をシュレッダーにかけたとしても、その者が取調べの中でそのような罪証湮滅行為を行ったことを自白するのにそれほど時間を要しない。シュレッダーにかけるといった作業は末端従業員に行わせることが多く、そうした者ほど不正を行った会社幹部に対して忠誠心などないのである。罪証湮滅行為に関する自白を獲得できれば、それに関与した他の者、指示者など多くの証拠破壊関与者を割り出すことができ、これらの者については罪証湮滅のおそれがあるとして簡単に逮捕状が発付され、結果として逮捕者の拡大を招くのである。

このように、証拠破壊行為は、結局、会社にとって不都合な結果を招き、マスコミ報道と相まって、会社のレピュテーションを著しく下げ、場合によっては破綻にまで至ることになる。

4 強制捜査と並行的に実施する社内調査の注意点

(1) 強制捜査と並行して社内調査を実施してよいか

既に調査モデルの選択に関して述べたように、捜査機関等の外部からの動きで初めて不祥事を認識した場合、会社が直面している危機レベルは極めて大きい。このような場合、社内調査の実施者として、第三者委員会を選択し、設置するのが有効である。その上で、第三者委員会のもとに、調査チームを立ち上げて、ヒアリングその他の社内調査実務を実施することになる。ここで、そもそも捜査機関が既に調査に着手している中で、それとは別個に会社が社内調査をすることができるのか、それは捜査妨害にならないのかが問題となる。

捜査機関は、犯罪の全容を解明し、公訴提起を行って国家刑罰権を発動するという目的のために捜査を実施する。捜査は、こうした治安の維持と正義実現のための国家的な活動であるがゆえに、逮捕権や捜索差押権といった、最も強力な強制装置が捜査機関に付与されている。それだけでなく、捜査活動の妨害、たとえば、証拠破壊や犯人の匿い行為に対しては刑罰権を発動し得るものとして、捜査の実効性を担保している。これに対し、社内調査はまったく別の目的を有しており、それは、不正行為者を懲戒処分とし、不正原因を解明して再発防止策を練り、会社のガバナンスを回復することであるが、その最終的な目標は、再びステークホルダーの信頼を取り戻し、社会的責任ある会社として再生することにある。たとえ捜査機関による強制捜査が入ったとしても、そのこと自体が当該会社に死刑判決（倒産、破綻）を下すものではなく、捜査機関も会社の倒産や破綻を目的として捜査を行うことはない。たとえ会社が不正を行い、そのために捜査機関による強制捜査が入ったとしても、そのことが従業員すべての生活の糧を奪ってよいということには決してならない。いかなる非常事態にあっても、会社、そして会社役員は、会社の倒産を回避し、株主、債権者、従業員、一般消費者等のステークホルダーの利益を守り、会社経営を維持していかなければならず、そのような法的義務を負うのである。それゆえ、捜査機関による捜査が入ったとしても、会社としては、捜査に全面的に協力することはもちろんのことであるが、そのような協力行為に終始し、後は何もしないということにはならない。会社は会社で独自に調査を実施し、不祥事原因を解明し、それを公表するという社会的責任を負っているのである。ただし、社内調査には、捜査を妨害してはならないという大きな制約が伴うことに注意すべきである。この点について、以下、具体的に述べる。

(2) 主観的証拠資料の収集から客観的証拠資料の収集へ

第二類型における社内調査にあっては、既に述べてきた一般的な社内調査手法のうち、客観的証拠資料の収集のための各種調査は、控えなければならない。たとえば、電子メール調査や業務関連文書の提出命令、パソコン解析などは控えるべきである。こうした客観的証拠資料は、原本性が証拠価値を左右し、改ざんや破損によって証明力が損なわれることがあって、捜査機関としても神経を使う証拠である。捜索差押を先行して実施してこうした客観的証拠資料を確保するのもこうした理由に基づく。そして、捜査着手後に、捜査対象となっている会社の関係者が客観的証拠資料に触れること自体、罪証隠滅を疑われる。実際、そのような証拠資料について、たとえば、オフィスから倉庫に移動させただけでも証憑隠滅罪は成立しうるので注意が必要である。

このように、既に捜査機関が捜査に着手しているときの社内調査のプロセスは変則的なものにならざるを得ず、本来であれば、「客観的証拠からヒアリングなどの主観的証拠へ」というプロセスを辿るところ、その逆の、ヒアリングによる供述確保という主観的証拠の収集を先行させることになる。その上で、どうしても客観的証拠資料を調査する必要がある場合、捜査機関の許可を受けて行うことになる。また、捜査機関に既に押収されている証拠資料にあっては、同様に、許可を受けて、コピーをし、当該コピーの分析によって調査を実施することになる。捜査機関にあっても、特に捜査に支障がなければ、コピーを許すことがある。その際には、検察庁等にコピー機を搬入し、部屋を借りての作業となる。もちろん、コピー作業中、検察事務官等の立会人が監視している。

このように、客観的な証拠資料の収集には限界があるので、第二類型の社内調査手法は関係者のヒアリングが中心となる。

(3) ヒアリング手法について

a 事前の法的助言

捜査機関が既に関係者の事情聴取を実施している場合、会社の実施する社内調査としても、効率性を考えると、捜査機関が事情聴取の対象としている関係者をヒアリング対象者とするのがよい。そして、当該関係者に対するヒアリングのタイミングであるが、捜査機関による事情聴取の直後となろう。捜査機関が何をもって企業不祥事の原因と考え、どの者を嫌疑者と考えているかを知るには、捜査機関による事情聴取の直後に、当該事情聴取対象者からヒアリングするのが、記憶の鮮度も高く、効果的だからである。もっとも、特に、被疑者として捜査機関の取調べを受ける者に対しては、捜査機関による事情聴取の前にも、取調べに当たっての権利告知や注意点を伝えるために、弁護士が助言を与えることは必須である。記憶にないことは記憶にないと正直に答えること、供述調書を録取されたときには、署名押印前に必ず内容を詳細に確認し、話したことと違う点や事実と異なる点があれば訂正を申し立てること、捜査官がその訂正に応じなければ決して署名押印しないこと、任意の取調べであれば、いつでも取調べ室を退出することができることなどを助言することになる。

ところで、近時、特捜部事件を中心に、取調べの可視化が多くの事例で実施されており、今後も拡大傾向にある。取調べの可視化自体は、恫喝を伴う違法な取調べ等に対する抑止効果があり、供述の任意性担保の意味でも、人道上も有意義である。もっとも、可視化は、逮捕後の身柄拘束下での取調べにおいて実施されており、任意取調べの段階では実施されていない。しかし、任意取調べといっても、警察署や検察庁といった捜査機関の施設内において、弁護士の立ち会いもなく密室下で実施される点では、事実上、身柄拘束下の取調べと何ら変わりのない取調べの実態があり、会社としても、防御上必要と認めるときは、捜査機関に対して、任意捜査の段階から取調べにおける可視化を求めていくべきである。

なお、JR福知山線事故の業務上過失致死事件の捜査の過程で、JR関係者が神戸地方検察庁に呼び出される際、会社が呼び出しを受けた対象者に対し、「会社の見解はこうこうこうである」といった内容を記載した文書を配布したことが問題となった。これは、会社の見解のとおりに供述せよといった意図的な指示ではないにせよ、それを読んだ事情聴取の対象者は、会社見解に従わなければならないという心理的なプレッシャーにさらされ、結果として、自己の記憶に反する話をしてしまう危険が大いにあった。このような会社の対応は、捜査機関にとっては「口裏合わせ」そのものであって、問題のある行動であり、上述したように、強制捜査着手の際に、逮捕者を拡大させる結果となりかねない。

要するに、捜査機関に「口裏合わせ」ととられないためには、捜査機関による事情聴取の前に、会社関係者がその者に対してヒアリングを実施すべきではなく、弁護士が取調べに当たっての一般的心構えや権利の説明を行うにとどめるべきである。

b　事後のヒアリングについて

これに対して、捜査機関による事情聴取の後にヒアリングを実施することは何ら問題ない。ただし、そのヒアリング結果を次の取調べ予定者に対して開示することには問題がある。次の取調べを受ける予定者は、先行する取調べ対象者の供述内容と整合性をとろうとする心理状態になるもので、事実を歪曲してしまうおそれがあるばかりか、結局、「口裏合わせ」であると捜査機関に断定されてしまうからである。したがって、第二類型におけるヒアリングにあっては、通常のヒアリングにも増して情報管理が厳しく求められ、調査チームだけが一括して共有管理するようにすべきである。

なお、ヒアリングとは性質や目的が異なるが、捜査機関により事情聴取を受けた者に対する精神的なケアも重要である。取調べは時には厳しく、また長時間に及ぶことがあり、連日同じことを繰り返し聞かれることもあって、精神的な負担が大きい。その意味で、専門のカウンセリング担当者を配置するなどして心理的なケアすることは、通常業務に戻ることを考えても重要なことである。

c　関係者が逮捕された後のヒアリングについて

任意捜査の段階では、これまで述べたような要領でヒアリングを進めて、会社独自に不正の有無、原因、不正行為者の特定といった調査を進めていくことになる。ところが、関係者が一斉逮捕となって、勾留された後は、会社はその者らに接触することができず（多くの場合、接見禁止処分がつく）、それぞれの被疑者の弁護人のみが面会できるような環境に置かれるので、社内調査は大きな壁に突き当たる。

もっとも、逮捕後にあっても、弁護人を通じて、ヒアリングを間接的に実施することは不可能ではない。しかし、これにも限界がある。第一に、弁護人との接見時間も、接見指定によって制限される傾向にあること、また、弁護人も被疑者に対して守秘義務を負っているので、被疑者の同意なくして情報を会社に伝達することができないこと、さらに、逮捕後は、被疑者らは、会社よりも自分が刑務所に行くことになるのかどうかに関心が移り、会社の利益に反してでも自分の罪を軽くしようという動機づけが働いて、会社の利害においてコンフリクトが発生するといった問題が生じる。多くの場合、被疑者は、逮捕後は(逮捕前であっても)、会社が用意した弁護士とは別の弁護士を自らの費用でつけることが多いのはそのためである。

結局、第二類型の社内調査において重要なことは、短期集中的にヒアリングを中心とする調査を実施し、関係者が逮捕される頃には調査が終了しているのが望ましいのである。その意味でも、第二類型の社内調査にあっては、効率性を高めるために、専門の弁護士を数多く導入し、集中的な調査を可能とする環境を会社が整えることが大切である。

5 従業員の私生活上の非行と社内調査

(1) 従業員の私生活上の非行による逮捕

捜査機関が実際に捜査に着手した後で会社が不祥事を認知する第二類型の特殊なパターンとして、従業員ないし役員がその私生活上の非行によって逮捕され、処罰されるという事例がある。彼らが所属する会社やその業務とはまったく関連性がなく、もっぱら私生活の中で犯罪を行い、警察に逮捕されるというケースである。酒に酔っての暴行、傷害事件や、近時、多いのは、痴漢や盗撮での逮捕である。本来、私生活上の行動は会社が関知するところではないのであるが、逮捕された者が会社役員であれば、会社のスキャンダルそのものであり、また、従業員であっても、マスコミ報道等で会社名が報道されることも多く、会社のレピュテーションを下げるほどの影響が認められる場合もある。このような私生活上の行為に関する不祥事というのは、逮捕されたとの事実を会社が知ることから始まる。ほとんどの事案が現行犯逮捕であることから、逮捕される前に会社が不祥事を知るということはない。そこで、こうした問題に直面した場合、会社としてどう適切かつ迅速に対応すべきか、予め対応策を整理しておくことは有益かつ必要である。

(2) 逮捕後の刑事手続

私生活上の行為に関する不祥事の特色は、これまで見てきた企業不祥事における「証拠は社内にある」という前提とは異なり、「証拠は社外にある」ことである。被害者も社外の人間であり、犯行場所も社外であり、したがって証拠も社外に存在する。そのような不祥事にあっては、客観的証拠資料の収集はほとんど期待できないので、社内調査は、本人に対するヒアリングが中心となる。しかし、その肝心要の本人は現行犯逮捕されて警察の管理下に置かれ、自由にヒアリングを実施することすらできないのが通常である。制約が大きい中での社内調査となるのである。

そこで、会社としてまず確認しておくべきことは、逮捕された者をめぐる刑事訴訟法等の手続である。逮捕された者の身柄の扱いは厳格に刑事訴訟法等に定められた手続に従って扱われ、その手続の中には、身柄拘束期間や接見禁止処分の有無、保釈の時期等が含まれており、会社の調査担当者がどのような手段でいかなるタイミングで本人と面会できるかは、法の手続の制約を受ける。私生活上の行為に関する不祥事について、会社が迅速かつ適切に対応するためには、このような身柄拘束の手続を知る必要がある。以下、刑事手続の概略を振り返って検討したい。

まず、警察により逮捕された場合、48時間以内に検察庁に事件を送致するか、釈放するかという判断がなされる。検察庁に送致されると、検察官は24時間以内に勾留を請求するか、それとも釈放するかを判断しなければならない。裁判官は、検察官の勾留請求に対し、10日間の勾留決定をするかどうかを判断することになる。さらに10日間でも足りない場合は、検察官はプラス10日間の延長請求をすることができる。そうすると、最長で23日間、身柄が拘束されることになる。

そして、最終的には勾留の満期日に、検事が正式起訴するのか略式罰金にするのか、あるいは不起訴にするのかといった最終処分を決めることになる。正式に起訴された場合、引き続き公判手続となり、裁判自体は起訴後だいたい１カ月から１カ月半後に開かれる。その場合、１カ月程度身柄拘束が続くことになり、起訴後は保釈請求が認められるかどうかに関心が移る。なお、最初の23日間は捜査段階であり、起訴後に認められる保釈制度は捜査段階では認められないことに注意が必要である。

(3) 弁護士の積極的活用

会社にとっては、逮捕された従業員等の勾留が長引けば長引くほど不祥事の解明が進まず、再発防止策も立てられないので、早く身柄を解放することが重要である。そのために弁護士の助力が必要となる。会社が不祥事を認知する前に、既に家族が弁護士を選任している場合も多いが、いずれにしても会社顧問弁護士等を警察署に派遣し、早い段階で本人と接見させ、事件の概要と認否を確認する必要がある。特に、逮捕から裁判官が勾留するかどうかを判断するまで48時間プラス24時間の約3日間を要し、この間、家族を含めた一般人は被疑者と面会することができず、会社あるいは家族にとっては完全に情報が遮断された状況になる。唯一、弁護士のみが面会できるのである。

また、弁護士は、被疑者をなるべく早く釈放してもらうために活動する。たとえば、検事は勾留請求するかしないかの権限をもっているが、弁護士が検事と面会して、捜査への協力のかわりに釈放を要求し、勾留請求しないよう求めるなどの活動をすることとなる。検事の勾留請求に対し、裁判官は、それを追認して直ちに勾留決定を出す傾向にあるので、検事のところで勾留請求をしないように働きかけることが重要となる。10日間の勾留がつくかつかないかで、まったく状況が異なってくるからである。

それでは、検察官による勾留請求がなされた場合、裁判官はいかなる要素を検討して勾留の判断を行うのか。刑事訴訟法上、勾留の要件は、犯罪を行ったと疑うに足りる相当な理由のほか、①住居不定、②罪証隠滅のおそれ、③逃亡のおそれ、と規定されている。サラリーマンで住居不定という人はいないことから、たいていは②罪証隠滅のおそれ、そして③逃亡のおそれという理由で勾留決定がなされることになる。具体的に見れば、否認している場合には、10日間の勾留が付されることが多い。痴漢を例にとると、女性の申告しかなく、その他に証拠がないのに、「やってない」と言えば否認として扱われて10日間勾留されてしまう。このこと自体不公平と言えば不公平であるが、真相を解明するという理由で裁判官は勾留決定を出すことが多い。また、共犯者がいる場合や執行猶予中である場合にもほとんど勾留が付される。近年、痴漢の冤罪が問題にされてきたこともあり、痴漢でも条例（都道府県のいわゆる迷惑防止条例）違反の場合に限っては、たとえ否認していても釈放されることがあるが、このようなことは例外的である。他方、強制わいせつは勾留の可能性が非常に高い。同じ電車内の痴漢であっても、単なる条例違反にとどまらず、刑法上の強制わいせつに至る場合もある。両者の区別は、下着の中に手を入れたか否か等が基準となる。下着の中まで手を入れるような悪質な痴漢については強制わいせつで扱うことから、6カ月以上10年以下の懲役として極めて重くなる。他方、服の上から触る場合には条例違反で、6カ月以下の懲役または50万円以下の罰金にすぎない。したがって、強制わいせつを行ったような場合には、10日間の勾留がつくであろうという推測が立つ。弁護士が最初の接見において、犯行状況の概要を聞いたり、認否を確認したりすれば、会社としても、「３日で出られないな」「10日間は出てこられないな」という大体の推測が可能となるのである。

⑷　社内調査の進め方

会社としては、被疑者について裁判によって刑が確定してはじめて懲戒処分が可能になるが、それまでの間でも当該従業員に対して複数の中間処分を下すことが想定される。起訴休職、あるいは欠勤扱いにすること、それとも有給扱いにすること、あるいは無断欠勤にするといった中間的な対応というのが、会社としては早急に必要になってくる。そういった中間的な対応をするに際し、本人が一体どのようなことをしたのかがよくわからないと、それすらもできないことになる。したがって、これらに当たっては、まずは事実関係についての社内調査を行う必要がある。私生活上の非行行為の場合、不祥事に関する証拠はすべて会社の外にあるので、社内調査の中心はヒアリングとなる。ヒアリングの調査の対象としては、①家族、②警察、③面会による本人、あるいは④同僚からの聴取、といった方法が考えられる。また、起訴された場合には、裁判傍聴ということになってくる。警察は、会社には基本的には何も情報を提供しない。事件の内容について、会社から警察に問合せの電話をし、「実はうちの社員がおたくで逮捕されて留置されているようですが、一体何をしたのか」と聞いても、警察は教えない。家族であってもすべてのことは教えないのが通常である。そこで、結局、会社としては、当面は、家族からできる限りの情報を聞くしかない。家族は警察から逮捕された時の状況や嫌疑の内容について概略を伝えられていることが多く、伝聞ではあるが、そうした警察情報を家族から聴取するのがポイントである。中でも、一体いつ、何時頃逮捕されたかを知ることによって、だいたいのタイムスケジュールがわかることから、逮捕の日時・場所は非常に重要となる。また、性犯罪の場合にはマスコミ報道される場合が多いため、性犯罪かどうかという点を確認しておく必要がある。また、罪名についても、前述のように、痴漢であれば条例違反なのか、強制わいせつなのかによって扱いもまったく違ってくることから、これも確認する必要がある。

さらに、留置先の警察署はどこなのかについて、後に会社の顧問弁護士や担当者が面会に行く際に確認しておく必要がある。この際注意すべきは、実際に事件を扱っている警察署と本人がいる警察署が別の場合であることがあるため、本人が今一体どこにいるのかを確認する必要がある。

なお、逮捕された者が会社の重要書類や重要資料の入ったパソコンをカバンの中に入れて、通勤電車で出かけ、痴漢で逮捕された場合、それらがすべて警察で保管されてしまい、会社にとって非常に困ることになるという問題もある。その場合には、いわゆる「宅下げ」という手続を利用して、個人の備品として保管されている所持品等を受け取る必要がある。

⑸ 勤務先会社に対する捜索の有無

私生活上の非行について従業員が逮捕された場合に、警察が会社に証拠収集に行くことは基本的にはないと考えてよい。もっとも、会社に嫌疑に係る犯罪の関係資料があると思料される場合、たとえば、強制わいせつで逮捕された被疑者が会社の個人ロッカーに裏DVD等を保管していた場合や、会社のパソコンに児童ポルノ画像や動画が保存されている場合、また、通常逮捕事例において、犯行日の出勤状況を確認する必要がある場合は捜索がなされることがある。このような捜索を防ぐために、個人の所有物は会社に置かない、会社の所有物、たとえば、パソコンなどについて私用で使用させないということを普段から徹底しておく必要があろう。

捜索に対する会社の対応としては、まずは本人と面会するなどして事件と会社との関係を調査し、事前に警察が来社する可能性があるかどうかを吟味することが重要となる。また、会社側から警察に連絡して、もし必要であれば任意提出する旨の連絡をすれば、警察が裁判所から令状をとって、会社に行って捜索することはない。この場合には、警察との交渉が必要となることから、弁護士を使うのが非常に効果的である。さらには、警察の来社に対して応対する者を特定し、警察に事前に知らせることも重要である。警察が来社時に、様々な人にあれこれ聞き回り、社内全体に事件の概要が広まってしまうような事態を避けなければならないからである。

第8章

子会社、海外子会社の不祥事調査

1 子会社不祥事が親会社に与える影響について

これまで概観してきた企業不祥事とその調査の問題について、ここでは、企業不祥事の主体に着目し、親会社自体の不祥事と子会社の不祥事において、どのような差があり、社内調査に当たっていかなる点に注意すべきかを考えてみたい。ここでいう「子会社不祥事」というのは、子会社固有の不祥事をいい、子会社を利用した親会社の不祥事を除く。なぜなら、子会社を利用した親会社の不祥事は、例えば、一時的に子会社を所有し、株価を吊り上げて子会社を高値で売り抜いたりする場合や、粉飾決算事案において、不良債権の飛ばし先として数多くの子会社を作り、そこに不良債権を全部飛ばして「塩漬け」にする場合であるが、この場合、子会社というのは単なる不祥事隠しの手段でしかなく、不祥事の実態は、「親会社不祥事」そのものであるからである。

ところで、昨今は、子会社の不祥事というものが、子会社だけで終わらない時代である。現在東証に上場している会社のうち13〜14%は親会社が保有する子会社である。この数字から見ても、子会社不祥事が社会に与えうる影響の大きさが分かるが、より本質的には、一般消費者の評価の点において、親会社の不祥事と子会社の不祥事とが一体化していることである。子会社不祥事イコール親会社不祥事とは厳密には言えない場合であっても、一般消費者にとっては、親会社の不祥事そのものととらえられることはある。例えば、食品偽装に際し、ブランド名が関わっている場合には、子会社の不祥事イコール親会社の不祥事とみなされてしまう。雪印や日本ハムの事件では、いずれも親会社の会長が辞任するといった事態に発展した。ブランドを持った商品に関する不祥事に対しては消費者の視線が厳しく、親会社にあっても、そのレピュテーション・リスクは極めて大きい。

レピュテーション・リスクにとどまらず、子会社が行った不祥事で親会社が行政処分を受けたケースもある。例えば、2010年、親会社である田辺三菱製薬とその子会社バイファによる遺伝子組み換え製剤に関する試験データの改ざんという事件が起こった。これ自体は子会社の不祥事であったものの、親会社が放置していたことから、子会社だけでなく田辺三菱製薬自体も業務停止処分を受けることとなったのである。

子会社の不祥事が親会社自体の不祥事に発展していくケースもある。これは、不祥事自体を隠蔽すること、即ち不祥事を隠してしまう場合である。つまり、親会社が子会社の不祥事を発見し、「これが公表されたら、大変なことになる」として不祥事自体を隠蔽してしまうような場合などがこれに該当する。子会社の不祥事を、親会社が封印した場合、二次的な、しかも一次的な不祥事よりも大きな不祥事になってしまう。身綺麗であった親会社が、子会社の不祥事に巻き込まれてしまって信頼を失う瞬間である。会社のブランドやレピュテーションは、長い年月をかけて会社関係者の情熱を傾けた努力と戦略と資本投下によって初めて確立されるものであるが、それをともすれば一夜にして失う、そのような性質を併せもつのである。

2 子会社固有の不祥事とその原因

子会社不祥事が発生する原因は何か。すべての子会社に当てはまることではもちろんないが、忠誠心が親会社と比較して若干低いことを不祥事原因の1つに挙げることができる。忠誠心の低さはモラルハザードにつながり、会社のお金を着服横領するなどの不祥事を度々引き起こすことになる。また、子会社自体に不祥事の防止能力がない場合、親会社の監視が行き届いているか否かが子会社不祥事の発生を決定づけることがある。特に、本国から離れた海外子会社などにおいて顕著であるが、親会社の監視が行き届かないため、親会社のコンプライアンス・ルールも十分に浸透せず、子会社独自の商法、ルールを許してしまい、例えば、現地の慣習に従って公務員に賄賂を提供してビジネスを円滑に進めようとするような事態に発展する。海外子会社が所在する現地の言語や文化等の違いがこのような親会社との距離感にさらに拍車をかけている。また、これも海外子会社に特に見られるところであるが、人事の停滞を子会社不祥事の原因として挙げることができる。海外子会社を持つ会社は、言語の問題もあって、希少な人材をマネジメントせざるを得ず、どうしても人事交流が滞りがちとなる。国内の部署間に見られるような定期的な人事交流は困難である。人事の停滞が現地業者や公務員との癒着を生み、不祥事に至るケースが散見されるのである。

このように、子会社不祥事の原因は、一般的に考えられる企業不祥事の原因とは異なった側面があり、その防止のために、特別な対策を必要とする。

3 子会社不祥事予防のための親会社のとるべきスタンス

このような実情を背景として、子会社不祥事を予防するための親会社の方策として、正反対の二つのスタンスがあることに注目すべきである。その正反対の二つのスタンスとは、一つには、親会社に対する影響が大きいからこそ、親会社が子会社のコンプライアンスに積極的・直接的にかかわり、たとえば、親会社の子会社に対する経営指揮権を駆使して子会社のコンプライアンスをコントロールしていこうとする立場である（直接干渉スタンス）。経営指揮権は、親会社と子会社とで経営管理契約を締結し、その中で定められることが多いが、完全子会社にあっては、そのような契約が存在せずともかかる指揮権は認められるであろう。

なお、経営管理契約において、通常、契約に掲げる項目は次に記載するような内容である。

・経営管理の対象事項

・事前協議事項

・報告事項

・情報提供

・指導・助言

・内部監査に関する事項

・社内調査に関する事項

・内部通報

この直接干渉スタンスの立場にあっては、子会社に対する強力なイニシアチブでコンプライアンス経営を図っていくことが可能であるが、一旦、子会社で不祥事が発生した場合には、直ちに親会社の監督責任が問われることになるであろう。たとえば、親会社が子会社に対して日常的な業務についてまで指示しているような場合には、実質的に子会社を支配しているとして法人格否認の法理の適用さえありうる。また、このような直接干渉スタンスでは、いつまで経っても子会社固有のコンプライアンス能力は向上せず、自立できないという根本問題もはらむ。

もう一つの立場とは、親会社への影響が大きいからこそ、子会社不祥事にできるだけ親会社は巻き込まれるべきではなく、子会社のコンプライアンスは子会社が主体となって実施されるべきであって、親会社は消極的・間接的なかかわり、たとえば、大株主として株主権をもって、子会社のコンプライアンスについて間接的にコントロールしようとする立場である（間接干渉スタンス）。子会社が完全子会社の場合には、直接干渉スタンスをとることが多いであろうが、そうでない場合、即ち、完全子会社ではなく、少数株主が存在する場合には、間接干渉スタンスをとる場合が適切と思われる。なぜなら、少数株主がいる場合に、直接干渉スタンスをとり、社内調査の公表に関してイニシアティブをとるならば、「大株主の思惑どおりに不祥事を処理しようとしている」との少数株主の反感を買うおそれがあるからである。間接干渉スタンスであっても、株主権には様々な会社コントロール権が含まれており、株主総会への出席権、議案提案権、役員選任時等の議決権あるいは会計帳簿の閲覧権等の共益権などがあり、これらの権利行使を通じて子会社を監督していくことが可能である。多くの親会社が間接干渉スタンスをとる所以である。

もっとも、このように親会社が間接干渉スタンスをとるのは平時における不祥事予防ないし抑止レベルの問題であって、いざ不祥事が発生したならば、このような消極スタンスをとっていた親会社にあっても、後述するような調査モデル選択の指針に従って厳正に調査していくべきである。

4 子会社不祥事予防のためのツールとしての内部通報制度

上述のような子会社不祥事の予防・抑止のための方策が奏功せずに不祥事が発生してしまった場合であっても、その不正の芽がまだ小さいうちにこれを社内的に認知し、対応する必要がある。ここで、不祥事早期発見の装置としての内部通報制度などが効果を発揮する。特に、子会社不祥事に対する間接的なコントロールとしてグループ内部通報制度というものを構築していこうという考え方がある。内部通報制度は、公益通報者保護法が制定されて以来、多くの会社で浸透しているが、これをグループ会社全体に及ぼそうという制度であり、多くの企業ではこのグループ内部通報制度を設けている。グループ内部通報制度によって、親会社は、早期に子会社の不祥事を発見し、対応することができる。早期発見装置としてだけではなく、グループ内部通報制度を設置することそれ自体が、不祥事に対する一定の予防効果ないし抑止力をもつことに注目すべきである。しかも、グループ内部通報制度というのは、上述の直接干渉スタンスのように、直接日頃の日常業務を親会社が監督するわけではなく、問題が起こったときにそのリスクを共有するという制度であるから、子会社の独立性を害することにはならない。そのため、法人格否認の法理が適用されるリスクも少ない。したがって、間接的なコントロールとしてこの方法は有効である。

もっとも、グループ内部通報制度にも問題点がいくつかある。まず、コストが莫大にかかる。子会社をたくさんもっているグループ企業を形成するような企業群では、それぞれの子会社に内部通報制度を設け、さらにそれを相互にリンクさせてグループとしての内部通報制度を確立させると、人員配置あるいは守秘義務のリスク管理も含めて莫大なコストがかかる。通報窓口としてそれを弁護士事務所に置く場合や、通報受付の専門会社を利用する場合も同様である。

そこで、グループ内部通報制度を構築する際、コストの面から共通窓口をつくっている企業が多い。共通窓口をつくれば、20も30もある子会社全部に内部通報の窓口をつくる必要がなく、一つだけ共通窓口をつくれば足りる。そして、かかる共通窓口に寄せられた内部通報を親会社が監視することができるように制度設計すれば、親会社に子会社コンプライアンスを監督するためのツールを提供することになる。ただし、この場合、親会社としては、通報者保護を徹底すべきである。たとえば、子会社Ｂの従業員が共通窓口に不祥事情報を通報したとする。当該従業員の保護は、雇用関係のある子会社Ｂとの雇用契約上の保護として守られることになるが、親会社Ａとは雇用関係にない。しかし、親会社との関係においても当該従業員の保護が図られなければ、内部通報の実効性がないばかりか、公益通報者保護法にも抵触することになりかねない。

5 子会社不祥事調査の注意点

(1) 調査モデル選択の際の注意点

次に、不幸にして不祥事が発生してしまった場合における社内調査の問題について述べる。子会社不祥事の社内調査も基本的には一般的な社内調査の手法と異なることはない。グループ内部通報制度等で不正の存在を探知したならば、社内調査委員会等の調査実施者を確定し、調査を進めていくことになる。その際に、いかなる調査モデルを採用するかは問題である。子会社不祥事は組織ぐるみで行われることが多く、また、子会社経営トップがかかわっていることも多いので、子会社独自の調査委員会では調査の実効性を期待できない。そこで、子会社不祥事にあっては、親会社が前面に出ざるを得ない。子会社不祥事の予防のためのコントロールのあり方について、直接干渉スタンスと間接干渉スタンスがあることは既に述べたが、いずれの立場に立ったとしても、一旦、子会社不祥事が発生した場合の調査に関しては、親会社が積極的に関与せざるを得ないのである。もっとも、ここでも子会社不祥事調査固有の注意点がある。それは、完全子会社でない場合には少数株主が存在し、親会社がイニシアチブをとって子会社の不祥事に全面的に介入していって社内調査をすると、少数株主からクレームがつくことがあるという点である。少数株主にとっては、「結局、親会社の都合で調査をしているのではないか、親会社に影響があるような不正行為については見逃しているのではないか」といった疑念が生じることもあり、完全子会社でない場合には、少数株主を意識した社内調査の公正さに注意を払うべきである。具体的には、調査モデルの選択に際して、少数株主の関係者、たとえば顧問弁護士等を委員に加える配慮をすることや、既に述べた調査モデルＣ２タイプに拠るのが妥当である。Ｃ２タイプは、事後審査型ないしダブルチェック型であり、子会社固有の調査委員会のほかに、親会社関係者ではない純粋な第三者を委員とする独立性の強い第三者委員会を設置して、その第三者委員会に対して、子会社の調査委員会による調査手法や調査結果の正当性を事後的に吟味させるという手法を採ることができ、少数株主の理解も得られやすいからである。

⑵　子会社経営トップによる影響排除について

子会社においては組織ぐるみで不正が行われ、罪証湮滅行為も組織的に行われる可能性が高いので、不正を行ったとされる者のライン、即ち、管理者や責任者も含め、子会社関係者には内密裡に調査を進めることが肝要である。少なくとも、不正に関する決定的な証拠をつかむまでは密行的な調査を行う必要性が高い。また、不祥事に関与したと見られる役員らを調査に先立って排除することも重要であり、本社総務部付という形で人事異動を行い、現場を離れさせてその影響力が調査そのものに及ばないようにすることが肝要である。

(3) 海外子会社の不祥事調査の注意点について

海外では日本と法制度が異なるため、安易に日本的な発想で社内調査を始めないことが重要である。たとえば、メール閲覧の制度は米国と日本ではまったく異なっている。米国でのメール閲覧の許容性について十分にリサーチをせずに、安易に日本の本社の親会社が海外の子会社のメールを閲覧することのないように注意する必要がある。また、司法妨害についても注意すべきである。たとえば、不祥事の資料を海外に持ち出すと、直ちに司法妨害になる。そうなった場合には司法取引も考えられるが、それでも莫大な出費が必要になるなど、不利益は大きい。

さらには、二次的不祥事にも注意しなければならない。これは、海外の不祥事調査に従事している際に、情報収集先の現地公務員から賄賂を要求され、これに応じるなどして、二次的に不祥事が発生する場合があるからである。

第9章

社内調査の終了と懲戒処分

1 社内調査の終了と社内調査報告書の作成

(1) 証拠評価と事実認定

電子メール調査等による客観的証拠の収集、さらに内部通報者、関係者、嫌疑対象者に対するヒアリングの実施によって社内調査は進展し、不祥事に関する様々な証拠が集まってくる。これらの証拠に基づき、不正があったかなかったかを検討し、不正事実を認定できる場合には、その規模、損害の程度、そして原因を解明していくことになる。

このように、社内調査の終了段階において、最初に求められることは、不正行為があったか否かに関する事実認定である。社内調査を開始するに際して、「不正事実シート」の作成を勧めたところであるが、社内調査が終了する頃には、「不正事実シート」の事実記載のうち、未解明であった事実も解明され、シートも完成できているはずである。しかし、不正行為を認定する際の基礎となる事実が、信用性ある証拠に支えられていない場合には、問題がある。たとえば、客観的証拠資料間に相矛盾するものがあったり、あるいは、二義的な解釈が可能な証拠が存在したり、ヒアリング対象者の供述にあっても、食違いが認められるなど、容易に不正行為を認定できない場合もある。このような場合に、「事実認定」という作業が必要となる。

事実認定を行う場合には、証拠の性質に注意する必要がある。社内調査にあっては、刑事訴訟手続で採用されている伝聞証拠の禁止等の証拠法則は特にない。しかし、直接聞いたという供述証拠の方が又聞きより証明力が高いであろうし、嫌疑対象者と親しい者の供述よりは第三者的な者の供述の方が信用性が高いということは言える。たとえば、既に述べた九電やらせメール事件では、リアルタイムで知事の話を聞いていたときにその発言を書き取ったとされる、いわゆる「走書きメモ」と、その後にこの「走書きメモ」を書き起こした「支店長メモ」との証拠価値を考えたときには、一般的には、書き手の主観の介在の可能性の少ない、換言すれば、発言をそのまま機械的に書きとめていた「走書きメモ」の方が、その後に、これを書き起こした「支店長メモ」よりも信用性や証明力が高いと言える。しかし、「走書きメモ」が不完全な再現であるために、後で誤解を生む余地があるとして正確に記憶を喚起して作成されたのが「支店長メモ」であるといった特別な事情がある場合には、結論が逆になることもある。

さらに、「推認」といった認定技術を用いる場合にも注意が必要である。既に述べたように、内部通報者の通報内容の信憑性を判断する際に、通報時期が重要である。これは、不正行為を知ってからこれを内部通報として告知するまでの期間が短ければ短いほど信用性が高い、という一種の「推認」を働かせて証拠価値を評価する手法である。しかし、不正行為者に脅され口止めされていたという事情がある場合には、通報時期の遅れは通報内容の信憑性に影響を与えない。

以上のような、証拠評価と認定手法を駆使して不正事実を認定し、不正行為者を特定することになる。そして、その者に対して懲戒処分を科すことになるが、どの程度の証明で懲戒処分ができるのかという問題がある。この点については、刑事罰を科す際に求められる程度、即ち、合理的疑いを容れない程度まで確かである必要はなく、「合理的な疑い」があれば懲戒処分を科すことは可能であるとされている。

(2) 社内調査報告書の作成

a 社内調査報告書の記載内容

社内調査を実施し、終了した場合、かかる社内調査の結果を書面にまとめて、依頼者たる会社に提出し、報告することが求められる。この社内調査の結果を書面にまとめたものを「社内調査報告書」という。社内調査報告書には、一般的に次のような事項を記載する。

① 社内調査委員会の設置及び目的

調査対象となる不祥事がいついかなる経緯で発覚し、これを受けて、社内調査がいついかなる経緯により、設置されたかをまず記載する。さらに、社内調査委員会の目的として、不正事実の把握、原因究明のほか、再発防止の提言や関係者処分の提言まで含むものかどうかを明らかにするために、社内調査委員会の目的を報告書中に明示する必要がある。

②　社内調査委員会の構成及び事務局

これまで述べてきた、いわゆる、調査モデルとしていかなるモデルを採用し、どのような委員で社内調査委員会を構成したかを記載する。その際には、いかなる理由でそのような調査モデルを採用したかに言及するのがディスクロジャーの点で良い。

さらに、厳格なＣタイプ、即ち、「第三者委員会」の構成を採用した場合には、「平成22年７月15日付日本弁護士連合会策定の『企業不祥事における第三者委員会ガイドライン』、同年12月17日改定における『第三者委員会の中立、独立性についての指針』を参考にした。」旨の記載を入れるのが良い。

委員長、委員、調査チームについては、氏名・所属等を明示して記載する。

調査委員会事務局を設置した場合には、その権限や業務内容、メンバー構成を明示して記載する。

③　調査事項及び調査期間

いかなる事項に関して調査するか、調査範囲との兼ね合いで具体的に記載する。また、調査にどれだけの月日を要したか、調査期間についても記載する。

④　調査の実施方法及び調査対象資料

ここでは、いかなる手法を用いて調査したか。たとえば、電子メール調査、ヒアリング等の具体的手法を記載し、収集し、事実認定の基礎となった証拠資料（取締役会議事録、会社登記簿謄本、有価証券報告書など）を具体的かつ網羅的に列挙する。

⑤　調査した結果、判明した事項

社内調査によって収集した証拠に基づき判明した事実関係、たとえば、不祥事に至る経緯、不祥事の関与者、不祥事の態様、不祥事の結果及び影響などに関して詳細に記載する。いわば、社内調査報告書の核となる部分である。

⑥　原因の分析・評価

不祥事の原因について、当該会社の設立経緯や企業文化、過去の類似不祥事の有無などに基づいて分析し、経営政策、人事政策、さらに、内部統制の取組状況やコンプライアンス実施状況にも言及しつつ、なぜ不祥事が発生したのか、なぜ防止できなかったのかに関し、分析した原因を記載する。

⑦　関係者の責任

不祥事を主導し、関与した関係者の責任の所在について記載する。この事項は、後の懲戒処分の参考となることが多いので、証拠や関係規則に基づいて分析した結果を記載する。

⑧　不祥事の結果としての損害の程度及び回復状況

今後の民事訴訟、株主訴訟等による損害回復の参考となるので、正確かつ詳細に記載する。

⑨　再発防止の提言

以上の分析評価を踏まえて、いかなる点に不祥事原因を求めるか、今後、いかなる組織変革、諸政策の実行、社員の意識改革によりかかる原因を除去できるかについて、具体的に提言する。

b　社内調査報告書作成の際の注意点

以上が調査報告書の記載内容であるが、作成に際しては、関係者のプライバシー、企業秘密の漏洩に特に注意すべきである。かかる点で不適切な記載があれば、名誉棄損等による訴訟リスクが発生するほか、二次的な情報漏洩不祥事につながりかねない。特に、公表先がステークホルダー等パブリックな場合には、実名公表を避けて匿名としたり、企業秘密にかかる事項については非公表とするなどの工夫が必要である。もっとも、そのような非公表の措置が会社の都合によって恣意的になされているという指摘がなされることは避けなければならない。その意味で、非公表とする場合にはその合理的な理由について記載する必要がある。

2　社内調査結果の懲戒処分への反映

(1)　懲戒権の性質と法的根拠

社内調査による事実調査を終了し、不正行為者を特定し、不祥事の原因と概要を究明したならば、当該不正行為者を懲戒処分とするプロセスへと移行する。懲戒処分は、企業のガバナンスを回復する最も強力な手段と言える。その懲戒処分の内容が適正で、誰もが納得するような手続と内容であった場合には、逆に、従業員の士気を高める効果もある。

ところで、懲戒処分の性質や法的根拠については、会社の調査権の根拠について解説した際にも述べたところであるが、この点、会社の規律と秩序を維持するために当然に認められる固有権と解釈する立場と、会社と従業員との間の契約、即ち、就業規則が契約内容となって、そこから導かれるとする契約説の立場がある。この点、判例を見てみると、関西電力事件（最一小判昭58．9．8判例タイムズ510号97頁）では、社宅にビラを配布し、譴責処分を受けた者が当該処分の有効性が争われた。この事案において、裁判所は「使用者は、広く企業秩序を維持し、もって企業の円滑な運営を図るために、その雇用する労働者の企業秩序違反行為を理由として、当該労働者に対し、一種制裁罰である懲戒を課すことができる」とした。かかる判示を見ると、判例は、労働者が労働契約締結に付随して（いわば当然に）「企業秩序遵守義務」を負い、その違反に対して当然に懲戒を科しうる立場と考えれば、固有権説のように見える。しかし、懲戒事由の法的性質に関しては、フジ興産事件（最二小判平15.10.10判例タイムズ1138号71頁）において、「使用者が労働者を懲戒するには、あらかじめ就業規則において懲戒の種別および事由を定めておくことを要する」とされているように、制限列挙と解し、契約説と異ならない帰結が導き出されている。いずれの考え方に立つにせよ、懲戒処分の際に行ってはならない注意すべきルールというものがある。この点について、以下に概観する。

(2) 懲戒処分を行うに際し、注意すべきルールについて

社内調査の最終場面で実施される懲戒処分は、被処分者、そしてその家族の生活や将来に重大な影響を与えるものであるから、特に慎重に行うべきである。その上、他の従業員の士気の問題にも影響するので、いたずらに甘い処分では不祥事で揺らいだ会社の信用は回復せず、ガバナンスも発揮できない。以下に述べるような懲戒処分に関する諸原則に特に注意して厳正かつ公平・公正な懲戒処分を進めるべきである。

a 罪刑法定主義等の要請

懲戒処分種類には、戒告・譴責、減給、出勤停止、降格、諭旨解雇、懲戒解雇等がある。懲戒処分は、一種の制裁罰であるので、刑罰について妥当する原理や原則と同様の関心が当てはまる。たとえば、罪刑法定主義である。犯罪と刑罰については予め法律に定められていなければならないという刑事法の基本原理は懲戒処分にも当てはまる。判例も、前述のように、「使用者が労働者を懲戒するには、あらかじめ就業規則において懲戒の種別および事由を定めておくことを要する」としているとおりである。

b　罪刑法定主義の派生原理

刑罰不遡及の原則により、行為のときに存在しなかった懲戒規定を遡及的に適用して処分することはできない。さらに、一事不再理の原則に照らし、同一の行為に対して2回処分を行うことは許されない。さらに、平等取扱いの原則がある。即ち、同じ規定に同じ程度に違反した場合には、これに対する懲戒は同一種類、同一程度たるべきとされているのである。この点についての例外的な扱いが既に触れた司法取引類似の取扱いの問題であった。

c　相当性の原則

懲戒処分が労働者に種々の不利益を科し、また人事権行使とは異なる制裁罰として、将来にわたって人事記録に残るような制裁措置であることから、権利濫用とならないかどうかが、当該非違行為となされた懲戒処分の相当性等の観点から厳格に審査される。これを相当性の原則という。

d　適正手続の保障（告知聴聞の機会の保障）

懲戒処分の発動に当たっては、手続的な正義が要求される。就業規則上（労働協約上）、組合との協議や労使代表から構成される懲戒委員会の討議を経るべきことなどが要求される場合には、かかる手続を遵守すべきであるが、要求されていない場合にまで同手続を経ることが強要されているわけではない。もっとも、懲戒処分の程度や事実認定の難易度を勘案して、懲戒解雇のような重い処分を予定している場合などには、告知聴聞の機会を与えるべきである。たとえば、不正行為を行った者が会社によりヒアリングを受ける前に逮捕され、勾留された場合にあっても、その者に告知聴聞の機会を与えるべきであって、少なくとも警察署において面会し、弁解を聴くべきであろう。そのような手続なくして懲戒処分を科すことはできないものと考える。

(3) 懲戒処分の実施タイミング

a 無罪推定の原則と懲戒処分

不正行為が捜査機関に発覚する前に、内部通報等を通じてそれが会社に露見し、社内調査の手続において、不正行為の概要と不正行為者が判明した場合には、当然のことながら、捜査機関による捜査を待たないで、当該不正行為者を懲戒処分とすることができる。

一方で、社内で不正行為が発覚する前に、不正行為者が捜査機関に逮捕されるなどして、社内調査と捜査とが並行して実施される場合はどうか。

ここで問題となるのは、「無罪推定の原則」という原則である。これは、何人も有罪と宣告されるまでは無罪と推定されるという刑事手続の大原則である。もっとも、これはあくまでも刑事手続におけるルールであり、一般社会生活上のルールではない。そのため、労働関係においてまで、刑事裁判により有罪が確定するまで社内的に懲戒処分できないということにはならない。

しかし、現在では、労働法上の従業員の身分についてもこの原則を参考にしながら、取扱いについて段階的に検討していくというアプローチがとられている。特に、対象者が否認している場合には、慎重に対応する必要がある。具体的には、検察官の終局処分を待って、起訴された場合には起訴休職とし、有罪判決が確定して初めて懲戒処分とする配慮が必要であろう。

b　逮捕・勾留された場合の取扱い

まず逮捕・勾留中であるが、この場合、会社に何の連絡もなく、欠勤が続いた場合は、無断欠勤に当たる。しかし、家族から連絡があり、逮捕され身柄が拘束されているために出勤できない場合には、多くの会社では欠勤扱いもしくは年次有給休暇の消化という形で取り扱っている。現に、筆者が担当していた事件でも、有給休暇の消化という形で扱ったものがある。中には、人事担当者が、逮捕された従業員が勾留されている警察署に赴き、面会の上、容疑を否認しているにもかかわらず、辞職届に署名押印してもらう事例もなくはないが、後に不起訴ないし無罪となった場合、無理に署名させられたとして将来争われる可能性がある。本人が認めている場合には告知聴聞の機会としては、本人への面会で十分であるという考え方もあろうが、事件の内容や性質等について解明できていない段階で、重い懲戒処分を科すことには問題があり、検察官による最終的な処分を見守り、一定の結論が出てから慎重に懲戒処分について検討するのが妥当である。

c　不起訴とされた場合の取扱い

検察官の捜査処理としては、不起訴と起訴がある。起訴の中でも、正式起訴と略式罰金とがある。また、不起訴にも「起訴猶予」「嫌疑不十分」、そして「嫌疑なし」という3種類がある。不起訴になった場合であっても、起訴猶予なのか、それとも嫌疑不十分あるいは嫌疑なしなのかによって、処分の軽重は異なるであろうから、処分内容に注意すべきである。もっとも、嫌疑なしというのは、人違いで逮捕した場合等に限られ、実際上はほとんどない。嫌疑不十分というのは、この人を犯人にするには証拠が足りず、起訴するには証拠が不十分であるということをいう。起訴猶予というのは、この人が犯人であるという証拠は十分あるが、前科前歴がないことや示談が成立していることなど、諸事情を考慮して今回は起訴しないという判断のことをいう。したがって、不起訴と一口で言っても、起訴猶予と嫌疑不十分ではまったく異なると言える。起訴猶予であれば、犯人であるという証拠がある以上、懲戒処分は可能となる。逆に、嫌疑不十分の場合は、犯人性、事件性に疑義があるということであるから、懲戒処分、特にその重さについては、特段の注意を要する。

たとえば、国鉄厄神駅職員事件[8]においては、女子高生を強姦したという容疑で逮捕・勾留されたが、本人が否認し、その後、被害者の父親が告訴を取り下げ起訴猶予となった。この事案では、証拠十分であって、ただ親告罪の告訴要件を欠くという理由で不起訴処分がなされたのに対し、雇用先の会社がこの

8　国鉄厄神駅職員事件（大阪地判昭55．8．8労働判例付録速報カード348号15頁）

者を懲戒解雇とした処分を有効とした。前述のように、起訴猶予とは、検察官の意見では犯人に間違いないということである。しかし、告訴がないという形式的理由から起訴できないという判断に至ったにすぎず、懲戒解雇自体は有効とされた判例である。告訴というのは訴訟条件であって、懲戒処分の要件ではないので当然の結論である。もっとも、示談が成立したことにより告訴が取り下げられたという事情がある場合には、示談不成立の場合よりも軽い処分を下すことは可能である。

また、大津郵便局職員事件[9]では、従業員が強姦致傷行為を犯し、本人も認めたが、告訴が取り下げられ、起訴猶予処分となった。その後、会社がこの者に対して懲戒解雇とした処分について、裁判所はこれを有効と判断した。

かかる二つの判例に見られるように、本人が認めているか、否認しているかということは重要であり、否認にもかかわらず不起訴となった場合、その理由が人違いによる冤罪なのか、それとも告訴要件を欠くという形式的理由にすぎないのかを見定めて懲戒処分の内容を決定する必要がある。

d　起訴された場合の取扱い

起訴された場合には、保釈されない限り勾留は続く。第１回公判は起訴後約１カ月もしくは１カ月半後であるから、年次有給休暇は完全に消化されてしまう。そうなると欠勤扱いになる

9　大津郵便局職員事件（一審大津地判昭58．４．25労働判例付録速報カード409号19頁、二審大阪高判昭59．４．27労働判例付録速報カード432号21頁）

が、欠勤が続いたことを理由に懲戒処分を下すのは、病気による欠勤との整合性からいっても早きに失する。懲戒処分というものは、起訴されただけでなく、問題となっている刑事事件の裁判が確定してから処分を行うのが大原則である。

それでは、確定していない段階ではいかなる処分が考えられるか。起訴休職という中間処分が考えられる。裁判確定までとりあえず休職とする処分であって終局処分ではない。たとえば、厚生労働省の郵便不正事件における村木厚子さんは、起訴休職でずっと休職扱いとされていたところ、無罪が確定したことから職場に復帰した。起訴休職は原則無給である。

e　保釈された場合の取扱い

起訴休職というものは無給である。そこで、否認事件において保釈された当該従業員から、給料が出ないのは納得いかない、働けるので働かせて欲しい旨の要望が出され、起訴休職自体の処分が争われるケースがある。こうしたケースで起訴休職が有効か無効かを判断する際、考慮すべきポイントは三つある。全日本空輸事件[10]では、パイロットが、男女関係にあった客室乗務員に対して傷害を負わせ、在宅起訴されたことで起訴休職となったことからその有効性が争われた。パイロットが起こした傷害事件は在宅事件であり、パイロットとして働くことはできたのであるが、起訴休職になり、給料が支給されないためその無効を争ったものである。裁判所は、職務の性質、公訴

10　全日本空輸事件（東京地判平11．2．15労働判例760号46頁）

事実の内容、身柄拘束の有無など、諸般の事情に照らして、①起訴された従業員が引き続き就労することにより、会社の対外的信用が失墜するような場合、または、②職場秩序の維持に障害が生じるおそれがある場合、あるいは、③当該従業員の労務の継続的な給付、円滑な遂行に障害が生じるおそれがある場合には起訴休職は有効となるとした。なお、これらは「かつ」ではなく「または」であるから、いずれか一つに当てはまると、起訴休職は有効となる。

①については、起訴されている者について、たとえ保釈され、「無罪推定」の原則が妥当するといっても、その罪質がたとえば、強姦罪、強盗罪、殺人罪といった事件の場合には、無罪推定だからといって保釈されて直ちに職場に復帰させるのは会社の対外的信用を失墜させることになりかねない。したがって、その場合には起訴休職のままにしておいてもよいということである。

②については、職場秩序が非常に乱れてしまう場合、特に、起訴されている者が管理職にあるような場合、職場に来て部下を指揮して、部下がそれに素直に従えるのかという問題がある。このように、職場秩序の上で問題であると判断した場合には起訴休職のままでよい。

③については、労務提供がまったくできない場合である。保釈されていれば労務提供ができるため、これには該当しないことになるが、保釈されていない者は労務提供ができないため、問題なく起訴休職が有効となる。

以上の三つの要件を考えて、起訴休職が有効かどうかを判断することになる。全日本空輸事件では、②職場秩序という点及び飛行機の安全な運航という観点から起訴休職は有効であるとした。パイロットという職業は精神の安定性を要するものであり、このような問題が起きた場合には精神的なストレスが生じるものであり、それが飛行機の運行に非常に危険な支障をきたす可能性があり、起訴休職を有効としたものである。

f　第一審判決で有罪となった場合の取扱い

第一審で有罪判決が下され、いよいよ懲戒処分を行うという場面になったとき、まずなすべきことは、本人に控訴をする意思があるかどうかを確かめることである。第一審の判決は、判決宣告後２週間以内に控訴申立てがなされなければ確定する。控訴した場合には、第一審で有罪判決が出ても、確定しないことになるから、終局処分としての懲戒処分も先送りになってしまう。このような事態は人事政策上好ましいことではないが、それでもなお、刑事手続が確定してから、社内における懲戒処分を行うということが大原則である。

(4)　懲戒処分例

a　懲戒処分の種類

戒告・譴責、減給、出勤停止、降格、諭旨解雇、懲戒解雇等がある。減給については、労働基準法91条の規制がかかる。同条は「就業規則で、労働者に対して減給の制裁を定める場合においては、その減給は、１回の額が平均賃金の１日分の半額を超え、総額が一賃金支払期における賃金の総額の10分の１を超えてはならない」と定めている。

b　懲戒処分の判断要素

具体的にいかなる懲戒処分をなすべきかに関しては、様々な事情や要素を考慮すべきである。たとえば、

① 主犯か従犯か
② 不祥事原因への寄与度
③ 結果の重大性及び実害の範囲
④ 社会的影響
⑤ 会社レピュテーション、ブランドに対する影響
⑥ 被害回復の有無
⑦ 過去の同種処分例とのバランス
⑧ これまでの会社への貢献度

などを総合考慮すべきことになる。

c　懲戒処分例

企業不祥事が、まさに粉飾決算、特別背任、業務上横領、架空増資、投資詐欺といった企業犯罪や会社業務関連犯罪である場合には、主犯の懲戒処分はそのほとんどが懲戒解雇となると言ってよい。ところが、そうした会社業務とは無関係の、従業員の私生活上の非行である場合、事案によって様々な懲戒処分例がある。

① 性犯罪と懲戒処分

性犯罪のうち、痴漢や盗撮については、最初は戒告で、２回目以降は懲戒解雇となる例がある[11]。強姦、準強姦、

強制わいせつについては、懲戒解雇となる例が圧倒的に多い[12,13]。また、社員がインターネット上に児童ポルノを提供したとして諭旨退職処分がなされたケースがある[14]。

② 交通犯罪と懲戒処分

近時、交通犯罪、特に、飲酒運転に対しては、社会が極めて厳しくなっている。公務員や学校の教員が飲酒運転を行うと即刻解雇となる。一般の会社でも、これを厳しく判断する会社も出てきている[15]。懲戒解雇が有効か否かは、

---

11 小田急電鉄事件（東京高判平15.12.11判例時報1853号145頁）

12 裁判所は、国鉄厄神駅職員事件では、「きわめて高度の公共性を有する鉄道事業等に携わる日本国有鉄道の職員に寄せられた廉潔性の保持の要請ないしは期待を裏切り、ひいては日本国有鉄道に対する社会的評価を低下毀損する虞がある」、大津郵便局職員事件では、「国家公務員であった原告の本件非違行為は、その官職の信用と名誉を傷つけ、また国民全体の奉仕者としてふさわしくない行為」と判示し、労働者が国家公務員であったことをかなり重視しており、丸和海運事件では、「航行不在を常とする船員の家庭にとって最も悪質な犯罪」と判示し、船員という業種が判断に大きく影響しており、同種事案において常に解雇処分が有効とされるかどうかは明らかではない。

13 富士通エフサス事件（東京地判平22.12.27判例時報2116号130頁）

14 株式会社クレッセホームページ

15 住友セメント禁錮刑解雇事件（福岡地小倉支判部昭48．3．29判例時報719号）：酒酔いの程度が軽く、事故が酩酊によるものとは断定できず、特に悪質だと断定することはできないとして、懲戒解雇を無効とした。

鳥取市農協事件（鳥取地判昭49．5．24労働判例203号59頁）：飲酒運転であて逃げをして人身・物損事故を起こした上、虚偽報告をしたという事案である。ここでも、懲戒解雇は無効とされた。

ヤマト運輸事件（東京地判平19．8．27判例秘書登載）：飲酒運転であっても、酒酔い運転ではなく、酒気帯び運転で無事故であるのに、懲戒解雇を有効にした事案である。この判例の特色は、職務内容がドライバーであり、飲酒運転が会社の社会的評価の低下・毀損につながることから、企業秩序維持の観点から懲戒解雇をやむを得ないとした点にある。

(i)事故の有無、種類、程度（人身事故か物損事故か、死者が出たか等）、(ii)過去の懲戒処分との均衡、(iii)被処分者の地位（ドライバーなのかどうか、管理職か非管理職か等）、(iv)飲酒運転に至る経緯（積極的に飲酒運転をしたのか、友人に無理矢理に勧められて飲んだのか等）、(v)行為後の事情（事故後逃走したのか、救護措置をとったのか等）、(vi)被害弁償、示談の有無、(vii)前科、懲戒処分歴、(viii)新聞報道等の有無といったような諸事情を考慮して判断することになる。

③　粗暴犯と懲戒処分

勤務時間外のけんかや、会社の忘年会の二次会等で他の客とけんかをした場合、路上で寝込んでしまって警察官が保護しようとした際に暴行を加えて公務執行妨害でその場で逮捕された場合等、飲酒がかかわっているケースが多い。また、駅員に対する暴行もよくあるケースと言える。こういった私生活上の暴行は、職場内の暴行と比べ、企業秩序に対する違反の程度は低い。どう処分するかについては、示談が成立しているのかどうかが非常に重要になり、けがの程度などを考慮した上で検討することが多い。

④　薬物犯罪と懲戒処分

薬物の密輸や営利目的所持は、それに対する刑に無期懲役も含まれている重大犯罪であることから、懲戒解雇は当然に認められる。他方、単純所持や使用罪については、対象薬物によって判断される。筆者の取扱った案件においてもビジネスマンが大麻で逮捕された事例はかなり認められ、その場合に会社としての扱いには非常に苦慮されるところである。初犯なのかどうか、職務に与える常習性はどうなのか、さらにはマスコミ報道の有無、会社の業種や職務内容を総合的に考慮することがポイントになってくる。

⑤　万引きと懲戒処分

通常の万引きの処分は、1回目は微罪処分となり検察庁に送致されないものである。軽微な事件については、検察庁に送致しないで、その場限りで警察対応で終わることが多い。2回目以降になってくると、送致されるケースも増す。しかし、起訴猶予がほとんどであり、3回目、4回目あたりから罰金刑、4、5回あたりから今度は正式裁判ということになる。

万引きもマスコミで報道されることがあることから、そういった事情を考慮して判断することになる。特に万引きの場合には、うつ病、強迫性障害といった精神疾患をかかえている方もいるので、懲戒処分は今回はしないと判断した場合であっても、カウンセリングに通わせる必要がある場合もある。さらには、担当する職場の配置についてもその病状との関連で考えたほうが良い場合が多い。このような点が万引きの特殊性と言える。

⑥　ブログ投稿と懲戒処分

ブログ投稿によって会社の信用が傷つけられることもある。ブログ投稿については、処分対象者から、本当のことを書いて何が悪いといった主張がなされることが多い。名誉毀損の場合と同様である。

そのような場合には、なぜそれを本当のことであると信じたのかという点と、それが真実であるという根拠、証拠資料は何なのかということが重要になってくる。名誉棄損の場合にも同様であるが、客観的・合理的な根拠資料がないにもかかわらず、会社の信用失墜行為をした場合には、当然懲戒処分の対象になると言える。したがって、真実と信じるに足りる相当な理由がある場合にまで懲戒解雇とすることは、解雇権の濫用とされる余地がある。

⑦　副業での非行と懲戒処分

副業については、二つのレベルで検討する必要がある。まずは、そもそも副業が許されるはずではないのに、会社に無断で携わっていたこと自体が懲戒処分の対象となりうるかどうかということである。この場合には、副業をすること自体が職務専念義務違反として懲戒処分の対象となりうる。次に、副業が許されている場合であっても、副業に関連した非行行為を行ったがゆえに、会社の名誉・信用が傷つく事態を生じさせた場合には、それ自体もやはり懲戒処分の対象になるであろう。

さらに、副業で会社の財産を流用するようなことをした場合には、それ自体職務違反に当たりうる。たとえば、会社の従業員名簿を流用した場合には、秘密保持義務違反も問題となってくる。

第10章

不祥事公表

1 取締役の公表義務

(1) 良い社内調査と良い記者会見

近年、テレビ、新聞等を通じて、不祥事の公表という問題が注目を集めている。対応次第では、公表の場である記者会見そのものが不祥事になるということさえある。船場吉兆の賞味期限切れ、産地偽装事件において、記者会見で不適切な対応に終始したためにかえって事態を悪化させて有名ブランドに傷がつき、ついには廃業に至った事件は記憶に新しい。それほど不祥事公表というものはリスクが大きいのである。これまで解説してきた社内調査は、まさに記者会見の場を成功させるためにあるといっても過言ではない。社内調査が不十分であれば、適切な公表をなし得ない。その意味で、良い記者会見には良い社内調査が必要不可欠なのである。

さて、公表の問題を考えるに当たって、そもそも取締役に公表義務があるのかについて考えたい。近年話題となったミスタードーナツ中華まんじゅう事件の事例を参考に検討を加える。

(2) ミスタードーナツ中華まんじゅう事件の概要

清掃業大手のダスキンは、ミスタードーナツをフランチャイズにして全国展開しており、そのミスタードーナツが販売していた中華まんじゅうに無認可の添加物が混入されていた。無認可の添加物を混入したのは中華まんじゅうの製造会社であり、ミスタードーナツでもダスキンでもない。A、B、Cという三つの製造会社があり、ミスタードーナツはそれらの製造会社に中華まんじゅうを製造させた上でこれを販売していた。C社の社長は、A社が製造時に日本では認可されていない添加物を加えている旨をミスタードーナツの幹部に告発した。ミスタードーナツの幹部がその事実を知った後も中華まんじゅう自体は数週間にわたって販売され続け、その間、当該事実は取締役2名のみが知り、その他11名の取締役は知らなかった。そして、その後、他の11名の取締役が、A社が無認可の添加物を入れたことを知った時には、既に当該添加物が含まれたすべての中華まんじゅうの販売が終了していた。そこで、取締役らは、こうした一連の問題について公表すべきか否かに関し、次のように判断した。即ち、①流通の可能性が今後なく、②健康被害の報告も特にないこと、③当該添加物は日本では無認可ではあるものの、欧米レベルの基準ではまったく問題なく、健康上害がないとされていること、さらに、④社内で関係者の処分も終了していることから、公表しなくてよいと判断した。

ところが、結局、その後、匿名の内部告発が保健所に対してなされ、共同通信の記者がこれを記事にし、世の中に明るみになって大問題となり、ダスキンとミスタードーナツは大きなダメージを受けた。

(3) ダスキン株主代表訴訟事件控訴審判決の要旨

その後、株主代表訴訟が提起され、裁判で争われた（ダスキン株主代表訴訟事件控訴審判決、大阪高判平18.6.9判例タイムズ1214号115頁）。判決では、取締役に損害賠償義務を認めたが、そのポイントは、公表義務違反ではなく、善管注意義務違反を認定した点にある。つまり、不祥事が発生したのを知りつつそれを公表しなかった点に取締役の義務違反を求めたのではなく、不祥事が発生し、その危険は既に去っているものの、食品という健康にかかわるもので、それを公表しないと後に発覚した時に大問題となるという、発覚後のレピュテーションの低下を防止する義務を取締役に認め、善管注意義務違反を認定したのである。つまり、公表しないことが直ちに義務違反になるのではなく、ワンクッションを置いて、後に発覚したら大問題となる事例について、レピュテーション・リスクの低下を防止するという義務が取締役にある旨認め、そのような義務の内容として、公表すべきところ、公表しなかった注意義務違反が問題とされた。取締役の一般的な公表義務を認めたものではないことに注目する必要がある。

もっとも、カスタマー・パワーの支配する会社では「いずれすべて白日のもとにさらされてしまう」と考えられるので、、不祥事が発覚し、会社のレピュテーション・リスクが低下するおそれが常にある。そのことを考えると、このような判例理論によっても、事実上、一般的な公表義務を取締役に認めたのと同じ結果になるであろう。そこで、問題は、いかなる場合に、取締役に公表義務が発生するか、不祥事は常に公表しなければならないのかという問題に関心が移る。

2 不祥事公表とリスク

(1) 公表するリスク、公表しないリスク

いかなる不祥事でも公表すべきか。内部通報等で明らかになった不祥事をすべて公表すればよいかというと必ずしもそうではない。本来であれば公表するに値しない不祥事までをも公表した結果、「そんな破廉恥な会社だったのか」などと、不必要に会社のレピュテーションを下げ、企業価値が毀損され、会社、ひいては株主の利益を害し、株主代表訴訟に至ってしまうリスクまで存在する。それゆえに、公表すべきか否かの判断は慎重になされるべきである。

(2) 不公表のリスクを超える隠蔽のリスク

この問題で確かに言えることは、公表すべきでないのに公表したことによるマイナス面は、公表すべきであるのに公表しなかったことのマイナス面に比べればはるかに低いということである。公表すべきであるのに公表しなかったときのリスクはそれほど大きい。したがって、公表すべきかどうか迷ったら公表

したほうが良いと言えよう。たとえば、不祥事を公表しないばかりか、関係資料を廃棄したり、口封じ工作をしたりするなど積極的に不祥事を隠蔽した場合、これが明らかになったときの会社ダメージは計り知れない。会社にとって命取りとなり、多くの報道事例に見られるように、倒産にまで至りかねない。不祥事それ自体は、公になることで一時的には会社に対するバッシングが激しくなるものの、公表を適時になし、社内調査も徹底して行い、事後処理が適切に行われるならば、１年後にはシェアをほぼ回復するという事例が多いことを想起すべきである。その半面、不祥事を隠蔽するような対応を誤ってとってしまったばかりに倒産という取り返しのつかない結果を招いてしまうのである。

ここで注意すべきは、そのような積極的な隠蔽工作がない場合で、ただ単に不祥事を公表せずに放置しただけの場合であっても、マスコミから「隠蔽」との烙印を押されることである。こうしたケースでは、マスコミも後追い記事を書き、特集記事を組むなどするので、会社の受けるダメージは大きく、トップの辞任にとどまらず、結局、消費者から見放されて倒産に至るケースも散見される。

そこで、公表すべき不祥事とすべきではない不祥事をいかに見分けるかということが特に重要になってくる。

(3) 公表するか否かの判断基準

a 四つの基準

公表するか否かの判断基準はどこに求めるべきか。まず最初に考えるべきは、①二次被害の発生の可能性があるか、既に危険が消え去っているかどうかである。二次被害発生の可能性があるなら直ちに公表しなければならない。次に、②生命、身体、健康（食品等）にかかわる不祥事か、それ以外の不祥事かである。生命、身体、健康にかかわる不祥事である場合には、これも直ちに公表しなければならない。その次に、③一般投資家あるいは株式市場にかかわる不祥事か否かである。社会における事案の広がりの程度、重大性という点が公表するか否かを判断する上で重要となってくる。次に、④会社自体の不祥事か、それとも従業員個人の不祥事か、あるいは、⑤従業員個人の不祥事の場合であれば業務との関連性の有無が問題となる。

b ミスタードーナツ中華まんじゅう事件について

上記のミスタードーナツ中華まんじゅう事件の事例では、①二次被害発生の可能性はなく、②直ちに健康被害を生じるものではないことなどを考慮し、取締役は「公表しない」という決定をした。しかし、一般消費者は、たとえ健康被害が現実に発生しなくても、監督官庁に認められていない添加物を食べさせられたことを不快に思い、問題にするであろう。健康被害の有無にかかわらず、「無認可」という事情が、会社に対するバッシングのトリガーとなってしまう可能性がある。したがって、仮に、現実の被害がなくとも、飲食物にかかわるような不祥事についてはやはり公表すべきであろう。要するに、前記四つの基準で説明するならば、①の二次被害の発生可能性が仮になくても②の生命、身体、健康にかかわる不祥事である場合には公表すべきということになる。

c　会社の不祥事か従業員個人の不祥事か

これに対し、二次被害のおそれがなく、一般消費者の生命、身体、健康（食品）と関係がない場合、たとえば会社の粉飾決算などの不祥事の場合には、④会社自体の不祥事かそれとも従業員の不祥事なのかという点、さらには、他の会社が関連しているのかというような要素を考慮し検討する必要がある。一方で、そのような会社の事情とは関係ない場合、たとえば、業務上横領といった従業員個人の不祥事の場合には、⑤業務関連性を検討し、判断すべきである。この場合は、「経営判断」の問題になると考えられる。金額や影響の度合いによって判断は異なり、被害が数億円規模にわたる場合には対外的な公表が必要となるであろう。

d　従業員の私生活上の非行について

しかし、これとは異なり、従業員が勤務時間外に買春で逮捕された、窃盗で逮捕された、社内でセクハラが何件かあったというような、職務とは関係のない、従業員個人の問題は、社外に公表する必要はない。公表すれば逆に会社のレピュテーションを下げ、ブランドを傷つけることになる。

以上を図にすると図表２のようになる。

図表2　公表すべきか否かの判断テスト

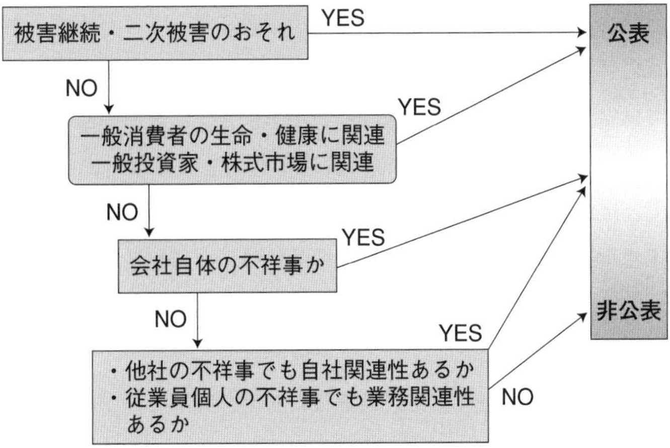

（出所）　筆者作成

なお、不祥事公表とは重要事実であるから、不祥事が発生し、その公表前に、「株が下がるな」といった判断をして取引をすると、インサイダー取引とされうる可能性もあるので注意が必要である。

⑷　パロマ湯沸かし器死亡事故事件

パロマ判決は衝撃的な判決であった。これは、パロマ製品自体に欠陥はなかったものの、それをユーザーが使っている中で、製品の延命を図るために、ガスサービス業者が安全装置を取り外して不正改造を行ったことにより、一酸化炭素中毒が発生し、多数が死亡したという事件である。パロマ製品について不正改造が行われていたため、パロマとしても不正改造を行うサービス業者らに対して不正改造をしてはならない旨の通告・告知をしていたのであるが、一般消費者に対しては不正改造が行われていた事実の通知を一切していなかった。その上、パロマは、自社の製品には欠陥はないと主張して、製品の回収もしなかった。こういった場合に製造物責任を負うか否かについて、従前の判例では、自社の製品そのものではなく他の業者が手を加えた製品により発生した事故については製造物責任を認めるような事例は存在しなかった。そのことが背景で、一般消費者向けには公表をしなかったと思われる。

平成22年5月11日、東京地方裁判所は、製造会社であるパロマには製品販売後の長期の監視義務があるとし、業務上の過失を認め、パロマの元社長らに有罪判決を下した（判例タイムズ1328号241頁）。他社が自社製品に施した違法な措置も、監視義務違反という自社固有の責任を招くものであって、監視義務を怠ることは「自社の不祥事」として、公表義務の問題を考えなければならなくなる。そうすると、上記の公表基準に照らしてみても、パロマ製品の不祥事は、自社の製品不祥事というとらえ方をするのではなく、自社製品に関連する他社の不祥事に対する監視義務違反として不祥事をとらえ直し、そうした監視義務違反の不祥事が、①二次被害が発生するおそれがあり、②生命・身体等に対する被害が発生するおそれのある不祥事であるから、パロマとしても公表すべきであったと言えるのである。即ち、他社の不祥事でも自社関連性があるかということが公表基準として取り込まれることになり、改めて、被害継続・二次被害のおそれの有無、そして、一般消費者の生命・健康に関連するかどうかがテストされることになる。

3 公表のタイミングと段階的公表

(1) 初回記者会見のタイミング

既に述べた公表の判断基準に従って、発生した不祥事について公表することを決定した場合、公表のタイミングも重要となる。特に、生命・身体・健康にかかわる不祥事であって、被害の継続ないし二次被害が予想される場合、たとえば、食中毒となる製品が市場に出回っているような緊急事態においては、迅速な公表が求められる。数日単位ではなく、数時間、否、数分単位で対応しなければならない。

初回の記者会見の開催時期としては、不祥事が明らかになってから遅くとも3日以内であろう。中でも、生命・身体・健康に対する被害が継続している場合には、即日あるいは数時間後に対応しなければならない。

(2) 雪印乳業集団食中毒事件とタイレノール事件

不祥事公表の迅速性に関し、対照的な二つの事例を紹介する。Johnson & Johnson社のタイレノール事件と、雪印乳業の集団食中毒事件である。タイレノール事件というのは、1980年代の米国・シカゴ周辺において、Johnson & Johnson社のタイレノールという鎮痛剤に青酸カリが混入され、それを服用した7名が死亡したという事件である。青酸カリを混入した犯人は会社とは関係ない第三者であったが、事故報道があった1時間後に同社会長が自ら会見し、「全製品の回収を行う」と発表し、「決して服用しないでください」という注意を呼びかけた。これはパロマ事故同様、自社の製品ではないものの、他人が自社製品を利用して犯罪行為を行った事件に関して、自社関連性があるとして迅速な行動をとった事例である。

これに対し、雪印乳業の集団食中毒事件では、食中毒症状の発症報告が平成2年6月27日に入ったにもかかわらず、偶々、株主総会の開催時期と重なったために2日間放置され、自主回収及び初回記者会見がその2日後の29日に実施された。不祥事発覚から記者会見まで58時間経過していたのである。この両社の対応の違いは、会社がその後再生したか、凋落したかという顛末に顕著に見てとれる。

(3) 2回目以降の記者会見のタイミング

不祥事公表は、1回だけ行えば良いというものでもない。通常は最低でも2回、大規模な不祥事では3、4回実施するということも稀ではない。このように複数回実施される記者会見が、タイミング的にいつ頃どのような間隔で実施すべきであるかは関心のあるところである。まず、初回記者会見の実施時期であるが、不祥事が明らかになってから遅くても3日以内に実施すべきである。２回目の記者会見は、初回記者会見から１週間以内に開催することが多い。それよりも遅れると、世間は「一体、何をやっているのか」といった苛立ちを覚えるものである。逆に、２回目の記者会見が１週間以内であれば、「しっかり調査しているようだ」と一般消費者は感じることができる。

(4) 不祥事公表と社内調査の優先事項

これまで不祥事が発生した場合の社内調査の手法について、電子メール調査やヒアリングなどを中心に解説してきたが、こうした社内調査の成果如何によって公表の「質」は決まる。的確でタイムリーな公表は、不祥事の社内調査が成功してはじめて可能になる。換言すれば、社内調査を行うとき、公表の問題を念頭に置いて進めていかなければならない。公表は株主、債権者、一般消費者等ステークホルダーや世間一般に対する不祥事原因等の公開である以上、世間の注視、関心、疑問、期待に応えることのできる社内調査が求められるのである。社内調査の実施マニュアルを社内で作成するときも、記者会見等の公表の問題を念頭に置いて作成するとよい。様々な不祥事例における記者会見を研究し、記者によってどのような質問がなされる傾向にあるか、どのような事実を公表した場合、記者会見が成功しているかを見極め、帰納的に社内調査事項を決めていくのである。ここで、その要点を示しておくと、記者会見等の公表において必ず指摘される事項は次の５点である。

a　不祥事発覚までの経緯

いつ、どのような経緯で不祥事が発覚したのか、また、不祥事が発覚してから会社としてどのように対応したのかについて、記者会見では必ず質問を受ける。不祥事の発覚の端緒に関しては、社内の内部統制が機能していたかが問われる。会計監査制度、内部通報制度を含めた不祥事の探知装置が普段から機能しているかを検証し確認することの重要性を示している。また、不祥事発覚後は、迅速な緊急対策本部や社内調査体制の構築が求められる。

b　不祥事の原因

不祥事の原因究明が社内調査の中心をなすことはあらためて言うまでもない。直接的な原因だけではなく、背景要因や不祥事を誘発した社風や企業風土についても突っ込んだ調査分析が必要となろう。

c　不祥事の危険性及び社会的影響、二次被害の可能性

記者会見等の不祥事公表では、現に発生した不祥事そのものよりも、その危険性の継続の有無、二次被害の可能性に関心が置かれることがある。典型的には、原発事故などがそうであろう。この種の事故公表は、原因の開示というよりも、危険性の発信という意味合いが強い。当然、事故対応に当たっても、原因究明と同時に被害拡大阻止のための緊急対策が中心となる。

d　過去の類似事案、類似事故の有無・態様

よく記者会見で、「前にも同じような事故があったのではないですか」「そのような問題で過去に消費者からクレームを受

けたことはないのですか」などといった質問を記者から受けることがある。これは、普段からの情報管理の大切さを教えてくれる。クレーム履歴や内部通報の履歴、過去の不祥事履歴、過去の事故情報といった情報について、時系列に整理してファイリングし管理しておくのである。このような作業は、不祥事が発生してからでは遅い。

e　再発防止策

不祥事の発生原因を踏まえた再発防止策も、不祥事公表にあって大きな比重を占める。ただ、付け焼刃的な再発防止策では、かえって会社の信用を落とすことにもなりかねないので、重大不祥事にあっては、特別な再発防止検討委員会を設置して、継続的な再建に取り組むとの発表の方がむしろ適切な場合もあろう。

以上の5点については、記者会見等で必ず質問される事項であり、社内調査において絶対に外せない調査事項であると言える。こうした事項を中心に社内調査を進めていき、その総決算が不祥事公表となるのである。

(5) 段階的公表における公表内容

このようにして、複数回実施される記者会見等の不祥事公表であるが、それぞれの目的と公表内容は異なる。不祥事が発生して時間を置かずに実施する初回記者会見では、詳細な不祥事原因の公表は期待されていない。むしろ被害は継続しているのか、不祥事は生命・身体・健康に重大な影響を与える質のものなのか、二次被害発生の可能性はないのかといった事実関係の開示が公表の中心となる。これに加えて、不祥事発覚の経緯も重要な関心事である。

要するに、初回の記者会見では、上記の五つの社内調査事項のうち、「a　不祥事発覚までの経緯」「c　不祥事の危険性及び社会的影響、二次被害の可能性」「d　過去の類似事案、類似事故の有無・態様」について、公表を要するので、初動の社内調査において、早急に事実確認を要する事項となる。

もちろん、初回の記者会見の場においても、原因は何かといった質問がなされることもあるであろうが、そのような質問に対しては、「今後こういう体制のもとで原因を究明していく」という姿勢を示すことで足りるであろう。不用意に原因にまで断定的に言及し、後に訂正を迫られる事態は避けたい。

2回目以降の記者会見において回答が期待されることは、「b　不祥事の原因」の分析結果の開示が中心となり、最終的な記者会見では「e　再発防止策」となる。原因がわからないと再発防止策は立てられない。1回目の記者会見の際には、原因究明が進んでいないため、再発防止策に言及することはできないが、2回目以降の記者会見までには、社内調査により、詳細な原因究明がなされることが求められる。さらには、被害者に対する実際の対応や、責任の所在という問題にも言及する必要があろう。

4 不祥事公表の実務

(1) 「平時」の備えの大切さ

不祥事の公表というのは、突発的に発生する「有事」における対外的な行動であるため、冷静さを欠き、ミスを誘発する潜在的危険性が常にある。その意味で、不祥事公表を成功させるためには、「有事」を乗り切るための「平時」の備えが肝要である。有事になってから、高額なコンサルタントを雇って慌てて、再建を取り繕っても成功しない。有事になった後で検討していては手遅れになる不祥事公表の具体的な手法、特に、公表する場合の媒体の選択や、記者会見の実施要領について説明する。

(2) 不祥事公表の媒体の選択について

不祥事公表にも様々な手段・媒体がある。社内告示に始まって、会社のホームページでのプレスリリース、新聞等での社外広告、取引先への通知、そして、記者会見がある。不祥事公表に際して、これらのうち、いかなる媒体を選択するかは、最初に直面する問題である。結局のところ、不祥事の性質による。即ち、事件の重大性や発信の緊急性、生命・身体・健康への影響の有無、証券市場への影響の有無、あるいは、逆に、関係者のプライバシーといった諸事情を考慮して、慎重に媒体を選択しなければならない。

たとえば、経理関係者の業務上横領にあっては、被害額の大きさにもよるが、懲戒処分の社内告知だけで済む場合も多い。他方、食品偽装、食中毒などの一般消費者の健康被害をもたらす不祥事、耐震偽装等の生命・身体にかかわる不祥事、さらに、インサイダー取引、株価操縦といった証券市場に重大な影響を与える不祥事については、社外広告や取引先への通知だけでは社内的責任を果たしたことにならず、当然ながら記者会見が必須となる。

また、不祥事公表の媒体が一つだけでよいということもない。記者会見を開いたときには、ホームページでのプレスリリースも同時に行うべきであり、社外広告も同時に行う必要がある場合も多い。この時、記者会見とプレスリリースの内容に齟齬があってはならないのは言うまでもない。

(3) 記者会見の実務

記者会見を実施する前に少なくとも次の準備が必要となる。会場設営、記者会見配布資料（ファクトブック等）の準備、ポジショニングペーパー（会社の公式見解）の作成、想定問答集の作成である。

会場設営に関しては、弁護士よりもむしろコンサルタントのほうが有益な助言をしてくれるであろう。たとえば、会見場レイアウトとして、会見場の発表者の後ろのスペースを空けない、出入り口を２カ所設ける、デラックスなホテルを会場に選ばない、などといった様々なテクニカルなアドバイスが受けられる。より重要なことは、ポジショニングペーパーの作成である。ポジショニングペーパーの出来不出来が記者会見が成功するか否かを決定づけるからである。ポジショニングペーパーには、①発生した不祥事の概要、経過、②従前に同種の事故事例があったか否か、③現状の説明、危険性の有無、④身体に対する危険あるいは二次被害の蓋然性、⑤調査の結果及び⑥今後の対策の有無等が記載される。

記者会見は、ポジショニングペーパーに従って実施されるが、冒頭の一方的な公表に引き続いて行われる記者との質疑応答が最も神経を使い、かつ、重要なものとなる。この対策としては、想定問答集をつくるのがよい。記者を意識して５Ｗ１Ｈに沿って回答を準備することになるが、法的にデリケートな質問もあるので、弁護士等の専門家のアドバイスも必要となる。また、記者がいちばん新聞記事に書きたいことは、隠蔽の事実、事故後の対応のまずさ等であるから、社長が記者会見に臨む場合、「事故の報告を受けて何をしていたか」と聞かれると考えておいたほうがよい。「ゴルフをしていた」では済まされないが、嘘を言うわけにもいかず、結局、不祥事発覚における、経営トップを含めた危機対応能力が問われるのである。

■おわりに

テレビや新聞報道を見ていると、企業不祥事で逮捕され、あるいは、謝罪会見で頭を下げている人々は、いずれも社会のエリート層であって、一流大学を出て一流企業に就職し、社内で出世階段を上り詰めた、いわゆる、ホワイト・カラーの中でも成功者たちである。どうして、あのように恵まれた彼らが、重大犯罪を起こすのかと疑問に思うことがときどきある。

彼ら企業人が犯す犯罪行為の態様は、言葉は適切ではないが、スマートである。私たちが普通にイメージしている犯罪行為、例えば、殺害行為や強盗行為などといったストリート犯罪とはかなり趣が違う。それは、含み損をかかえる金融商品を簿価で買い取らせ、含み損を表面化させない損失分離スキームであったり、子会社からの貸付を装って資金移動をする背任行為であったり、虚偽の資金運用実績を示して投資を募る詐欺行為であったり、あるいは、社内コンサルタントを媒介に、チャイニーズウォールを超えた情報伝達を手段とするインサイダー取引であったりする。こうした、一見すると、合法的な企業活動と何ら変わらない行為であるがゆえに、企業犯罪者たちの、一線を越えるその心理的なハードルはむしろ低いのかもしれない。しかし、そこが落とし穴である。企業犯罪の影響の大きさや卑劣さは、ストリート犯罪と何ら変わりはない。むしろ、時には、より広範な、取り返しのつかない悪影響を社会にもたらす。比喩的に言うならば、彼ら企業犯罪者は、包丁を振り回すかわりに、耐震強度のデータ改ざんをし、リコール隠しをして“殺人”を犯そうとする。ガラス切りを使うかわりに、フィッシングによる偽メール送信で個人顧客情報に対する“押し込み強盗”を働き、二本指を使うかわりに、賞味期限や産地の偽ラベルを用いてカスタマーに“スリ”を働く。また、金持ちを装って飲食を注文するかわりに、財務諸表を粉飾して“無銭飲食”をして平気な顔をする。このようにして、企業犯罪者は、ストリート犯罪者が身内を裏切り、自分の人生をダメにしてしまうように、一般消費者を裏切り、資本主義市場を破壊してしまうのである。このことに気づいたときに、初めて企業人は“利益至上主義経営”から“誠実経営“へと舵を切るのである。企業の誠実さは、不祥事を起こさないことで示されるよりもむしろ、不祥事を起こした際に示されることが多い。誠実な企業は、不祥事に対し、自浄能力を発揮して被害者が拡大しないように迅速に事態を収束させ、再建のために立ち上がる。誠実な企業は、従業員プライバシーにも配慮した徹底した社内調査を迅速確実に実施し、原因を究明して不正行為者を公正に処分する。誠実な企業は、「臭いものに蓋を」の精神ではなく、透明性に優れた企業であって、不祥事が発生したときであっても、隠蔽等によって事実を打ち消すのではなく、事実をタイミングよく公表してステークホルダーに対する説明責任を果たすのである。

そうすると、本書で見てきた不祥事抑止のあり方や社内調査のあり方とは、まさに、誠実経営の実践そのものである。ここで提起された不祥事にまつわる様々な問題について、本書が、社内調査に携わる経営陣の皆様、法務部等の関連部署の皆様、そして、不祥事調査に現実に当たる弁護士、公認会計士等の関係者の皆様方の一助となることを念じてやまない。

KINZAIバリュー叢書
社内調査入門
——“守りの法令遵守”から“戦略的不祥事抑止”へ

平成25年4月24日　第1刷発行
平成25年5月9日　第2刷発行

著　者　中　村　　勉
発行者　倉　田　　勲
印刷所　図書印刷株式会社

〒160-8520　東京都新宿区南元町19
発　行　所　一般社団法人 金融財政事情研究会
編 集 部　TEL 03(3355)2251　FAX 03(3357)7416
販　　売　株式会社 き ん ざ い
販売受付　TEL 03(3358)2891　FAX 03(3358)0037
URL http://www.kinzai.jp/

ISBN978-4-322-12308-1